実践
ダイレクト・マーケティング講義

朴 正洙 [編著]

千倉書房

はじめに

　ダイレクト・マーケティングの市場は、国内外を問わず、成長し続けています。かつてのダイレクト・マーケティングはマス・マーケティングでは対応できないニーズや販売経路などの補完的な役割を果たしていましたが、デジタル化が進展した現在では、一般的なマーケティング手法となり、既存の店舗を基盤とする流通企業の存続を脅かす存在になっています。

　最近ではGAFAという用語が流行しています。GAFAとは「Google」「Apple」「Facebook」「Amazon」の頭文字を指した造語ですが、この4社がネットビジネス界だけではなく、われわれの生活全般に影響力を強めている現実に警鐘を鳴らしたスコット・ギャロウェイ先生の著作が世界的なベストセラーとなっています。すでにアメリカではアマゾン・プライムの世帯加入率がアメリカ全土の半分を超えるなど、アメリカの流通史でも前例のない勢いで、さまざまな事業領域に手を広げています。その影響から、アマゾンエフェクト（アマゾンドットコムの事業拡大による、関連競合企業の業績不振にあえぐアメリカ企業の増加）という言葉が生まれるほど、各種の既存ビジネスにとって脅威の存在となっています。たとえば、アメリカのダイレクト・マーケティングの先駆者ともいえるシーアズ社が2018年10月に破産申請をしたことはダイレクト・マーケティング業界の関係者に衝撃を与えました。シアーズ社だけではなく、ネット通販への依存度の高まりにより、ショッピングモールの空き店舗が増え続けており、全米のショッピングモールの多くは存続の危機に晒されているとさえ言われています。このような店舗系流通の衰退は、店舗系流通企業の問題に留まりません。流通関連業界は、その雇用者数の多さから、これまで雇用の受け皿のような役割を果たしてきたため、社会の不安要因にもつながりかねないとも指摘されています。これはアメリカだけの問題ではなく、世界的な問題になっています。

　国内のネット通販市場に目を向けると、アメリカと同様にアマゾンの一人勝ちといっても過言ではなく、既存の通販企業の変革も求められています。モバ

イルやソーシャル・メディアなどを活用した新たな形態のダイレクト・マーケティング・ビジネスを展開する企業も出現するようになりましたが、カタログや電波を中心としたメディアを中心として成長してきた総合通販系企業の業績不振にみられるように、既存顧客層の高齢化への対応だけではなく、経営体質の抜本的な変革が不可欠となっています。

これからのネット通販市場は、ビジネスモデルだけではなく、テクノロジーの進化やグローバル化などの要因から、少数の企業によって寡占化が進む可能性が高く、既存の通販企業だけではなく、店舗系の流通企業も存続の危機にさらされています。一方で、テクノロジーの性質からCRMやデータなどに翻弄されてしまう企業も見受けられます。このような市場のパラダイムの変化に対応し、新たな成長を目指すためには、通信販売の原点に戻る必要があるのではないかと考えます。つまり、技術開発や原材料などの自社特有の独自性を追求したうえで、人間中心のCRMやヒューマン・コミュニケーションによって顧客エンゲージメントを育成していくダイレクト・マーケティングの原点に回帰することで、日本の流通業は、GAFA時代の流れに翻弄されることなく、日本型のダイレクト・マーケティングとして更なる成長を成し遂げられるのではないかと考えます。

一方、マス・マーケティングを中心に発展してきたマーケティングの領域では、デジタル化と情報通信テクロナジーの急速な発展によって、従来の理論や事例だけでは通用しなくなっています。その代わりに、インターネットや情報テクノロジー技術を中核とするデジタル・マーケティングが注目され、一部ではデジタル・マーケティングを新しいマーケティングとして位置づけるようになっています。しかし、デジタル・マーケティングは全く新しい概念ではありません。なぜなら、顧客との関係性やデータベースの活用などから厳密に考察してみると、ダイレクト・マーケティングの一領域（インターネットに限定）として位置づけることが妥当ではないかと考えられるからです。

上記のような背景を踏まえ、本書はデジタル化時代のダイレクト・マーケティングを実践していくうえで、学習すべき内容をわかりやすく解説しました。ダイレクト・マーケティングを学ぶことは、もはやマーケティングの一領

域を学習することではありません。さらに、ダイレクト・マーケティングは、デジタル・マーケティングの原型ともいえますので、ダイレクト・マーケティングを学ぶことは、これからのデジタル・マーケティングの戦略的方向性を模索することにもつながります。

本書の全体の流れは、下記のようになります。

第1部（第1章〜第3章）は、ダイレクト・マーケティングの基本を解説しました。ダイレクト・マーケティングの基本から現在に至るまでの変遷を、今日の課題をふまえて考察しています。ダイレクト・マーケティングの基本を学習することは、デジタル化やグローバル化などの外部環境の激変を乗り越える知恵が得られるのではないかと思います。

第2部（第4章〜第8章）は、ダイレクト・マーケティングの現状と動向について論じました。消費社会の変化、流通の歴史、通信販売の最新動向とコミュニケーション戦略、ネット通販市場の動向、デジタル化時代の既存顧客の重要性、などの議論から国内外のダイレクト・マーケティングを取り巻く環境と動向を考察しました。

第3部（第9章〜第14章）は、代表的なダイレクト・マーケティング企業の主な事例を紹介しました。領域ごとにダイレクト・マーケティングを実践している企業の事例から、ダイレクト・マーケティングの実践的な内容を深く考察しています。さらに、地域活性化のツールとしてのダイレクト・マーケティングの可能性も提示しました。

第4部は（第15章〜第16章）は、ダイレクト・マーケティングの制度や顧客対応について解説しています。ダイレクト・マーケティングに関連する制度や法規制と、顧客対応からダイレクト・マーケティングを考察することによって、日本のダイレクト・マーケティングの健全な発展を支えている制度と顧客対応を確認することができます。

目　次

はじめに………………………………………………………(朴正洙)… iii

第1部　ダイレクト・マーケティングの基本
………………………………………………………(朴正洙)… 1

第1章　ダイレクト・マーケティングとは何か……… 3
1. ダイレクト・マーケティング……………………………………… 4
2. 通信販売の発祥と発展……………………………………………… 6
3. 日本の通信販売……………………………………………………… 8
4. 通信販売のタイプと単品通販……………………………………… 11
5. ネット通販市場の動向……………………………………………… 14
6. ネット通販市場の寡占化と課題…………………………………… 15
7. 日本型のダイレクト・マーケティングへ………………………… 17

第2章　ダイレクト・マーケティングにおけるCRM
　　　　　―顧客関係性マネジメント―……………………… 19
1. 顧客関係性（customer relationship）の本質…………………… 20
2. CRMの登場と歴史………………………………………………… 23
3. 顧客価値の評価基準………………………………………………… 25
4. テクノロジー中心のCRM………………………………………… 26
5. これからのCRM…………………………………………………… 29

第3章　ダイレクト・マーケティング・コミュニケーション……………31

1. 広義・狭義のダイレクト・マーケティング……………………………31
2. ダイレクト・マーケティング・コミュニケーションとは何か……34
3. ダイレクト・マーケティング・メディア…………………………………36
4. ヒューマン・コミュニケーション……………………………………………37
5. これからのダイレクト・マーケティング・コミュニケーション戦略………38

第2部　ダイレクト・マーケティングの現状と動向…45

第4章　消費者社会の変化と通信販売…………（三村優美子）…47

1. はじめに……………………………………………………………………………47
2. 日本の消費社会の変化をどのように理解するか………………………48
3. 現在の消費社会をどのように捉えるか……………………………………50
4. ネット通販と店舗小売業の闘い………………………………………………51
5. 無店舗販売の3つの視点………………………………………………………54
6. こだわりの商品の販売経路としての可能性………………………………56

第5章　流通の歴史と今後……………………………（宮島和美）…59

1. 流通の歴史………………………………………………………………………59
2. 食品スーパーの課題……………………………………………………………60
3. 今後のチェーンストア産業の変遷……………………………………………60
4. Eコマース市場の拡大…………………………………………………………61
5. 中国のECについて……………………………………………………………62
6. 宅配問題…………………………………………………………………………63
7. 会社概要…………………………………………………………………………64
8. 化粧品事業の歴史と現在………………………………………………………64

- 9. 健康食品事業の歴史と現在 ………………………………………… 65
- 10. マルチチャネルへの展開 …………………………………………… 66
- 11. 通信販売の市場と歴史 ……………………………………………… 66
- 12. 通信販売の弱みと強み ……………………………………………… 67

第6章　最近の通販の動向とコミュニケーション戦略
…………………………………………（阿部嘉文）… 69

- 1. 通販とは何か ………………………………………………………… 69
- 2. 東アジアの通販動向 ………………………………………………… 74
- 3. 中国におけるEC拡大 ……………………………………………… 75
- 4. 日本の通販の課題 …………………………………………………… 76
- 5. 顧客コミュニケーションの取り組み ……………………………… 77
- 6. 通販のこれからに向けて（まとめ）………………………………… 78

第7章　ネット通販市場の動向と小売業に与える インパクト …………………………………（柿尾正之）… 81

- 1. はじめに～ネット通販市場の現状 ………………………………… 81
- 2. 米国、日本の小売業、通販の動向 ………………………………… 85
- 3. まとめ～ネット通販の将来と共存 ………………………………… 92

第8章　既存顧客の理解が新規顧客を創造する
…………………………………………（沼田洋一）… 95

- 1. 背景：狩猟から農耕へ ……………………………………………… 95
- 2. デジタル広告の特徴：行動ターゲティング ……………………… 97
- 3. 潜在需要を引き出す ………………………………………………… 98
- 4. 顕在需要を取り込む ………………………………………………… 99
- 5. コンテクストを見つけ出す ……………………………………… 100
- 6. マスマーケティングとCRMの間に ……………………………… 102
- 7. コンテクストを活用する ………………………………………… 104

8. 広告会社も変わらなきゃ………………………………… 106
　9. まとめ：新規顧客の獲得に向けて……………………… 107

第3部　ダイレクト・マーケティングの事例………… 109

第9章　メーカー系通販の展開………………（乗竹史智）… 111

　1. はじめに………………………………………………… 111
　2. 会社概要………………………………………………… 111
　3. メーカーの通販………………………………………… 112
　4. 通信販売について……………………………………… 112
　5. 「ライオン・ウェルネス・ダイレクト」のダイレクトマーケティング…… 113
　6. ウェルネス・ダイレクトとは………………………… 115
　7. 通販マーケティング…………………………………… 117
　8. 単品通販の売り方……………………………………… 117
　9. ダイレクトマーケティングにおける広告…………… 118
　10. 機能性表示食品について……………………………… 119
　11. 宣伝レスポンスの重要性について…………………… 119
　12. お客様獲得デバイス…………………………………… 120
　13. WEBマーケティング…………………………………… 121
　14. 定期購買をしてもらうために………………………… 122
　15. 通販フルフィルメント………………………………… 122
　16. 継続成長できるか……………………………………… 123

第10章　無印良品のデジタルマーケティングについて………………………………（川名常海）… 125

　1. 無印良品のミッション………………………………… 125
　2. 商品開発について……………………………………… 127
　3. コミュニケーション戦略について…………………… 131

第11章　楽天市場マーケティング……………………(坂本洋二)… 139

1. はじめに………………………………………………………… 139
2. 楽天市場のマーケティング…………………………………… 141
3. ケーススタディ（ガールズアワード）……………………… 146

第12章　E-COMMERCE MARKETING REAL REPORT……………………………………(石川森生)… 151

1. ディノス・セシールについて………………………………… 151
2. ECの成長性…………………………………………………… 152
3. ECの外部環境………………………………………………… 154
4. 次なる潮流1（第4次産業革命、Connected Industries）… 155
5. 次なる潮流2（CX、NEW RETAIL、OMO）……………… 157
6. 紙媒体＝カタログによる通信販売…………………………… 159
7. ディノス・セシールの取り組み……………………………… 162

第13章　Marketing in Shop Japan ……………………………………(加藤裕一郎・稲垣みずほ)… 165

1. ショップジャパンについて…………………………………… 165
2. マーケティングはファネル…………………………………… 166
3. ケーススタディ：True Sleeper（トゥルースリーパー）… 169
4. 最後に…………………………………………………………… 175

第14章　通信販売事業による地域活性化へ ……………………………………………………(岩永洋平)… 177

1. 地域の商品をどうやって市場導入するか…………………… 177
2. 地方中小事業者と通信販売事業……………………………… 178
3. 地方企業の通信販売事業ケーススタディ…………………… 179
4. 直面する困難から直接販売への志向へ……………………… 180

5. 新たなビジネスモデルの開発……………………………………………… 181
6. 通信販売事業のKPIと事業特性…………………………………………… 182
7. 通信販売事業のコミュニケーション特性………………………………… 184
8. 商品・サービスの提供価値を向上させる循環的なサプライチェーン…… 186
9. 地域ブランド再生産への貢献……………………………………………… 189
10. 地域ブランド価格プレミアム形成への貢献……………………………… 190
11. 顧客との心のつながりの形成……………………………………………… 191
12. 通信販売事業による地域活性化へ………………………………………… 193

第4部　ダイレクト・マーケティングの制度や顧客対応……………… 195

第15章　通信販売に対する法的規制と今後の課題
………………………………………………（万場徹）… 197

1. はじめに……………………………………………………………………… 197
2. JADMAと通販の歴史……………………………………………………… 197
3. 市場規模……………………………………………………………………… 198
4. 通販110番と通信販売に関わる法律……………………………………… 200
5. 特定商取引法………………………………………………………………… 201
6. その他の法律………………………………………………………………… 205
7. 消費者として気をつけなければならないこと…………………………… 206

第16章　顧客対応から見た通信販売……………（八代修一）… 209

1. "消費者"と"事業者"（消費者基本法）………………………………… 209
2. 「通販110番」の業務（JADMA消費者相談室）………………………… 210
3. 通信販売の仕組み（利用媒体や支払方法）……………………………… 211
4. 通信販売の法的ルール……………………………………………………… 213
5. 消費者相談概要……………………………………………………………… 215
6. 事業者に求められる消費者志向…………………………………………… 218

あとがき……………………………………………………(朴正洙)… 221

主要索引……………………………………………………………… 224

第1部

ダイレクト・マーケティングの基本

第1章
ダイレクト・マーケティングとは何か

　ダイレクト・マーケティング（Direct Marketing）という言葉は、1961年10月1日、ニューヨークのDM（ダイレクト・メール）首脳陣の講演会で、ワンダーマン（Wunderman）によって、はじめて提唱されました。彼が通信販売を新たなマーケティングとして注目するようになった背景には、当時のアメリカ小売市場の競争の激化がありました。小売店の棚スペースを確保しようとする競争コストの高騰を目のあたりにしたワンダーマンは、郵便を流通販路としてアメリカの各家庭に届けることのできる通信販売に注目するようになります。さらに、マス広告に比べ、通信販売の広告は効果を即時に検証できることに大きな魅力を感じて、通信販売を超える概念としてダイレクト・マーケティングを提唱することになります。

　その後アメリカでは、POSシステムの開発などによって、1970年代から1980年代までにマス・マーケティングの全盛期を迎えますが、1990年代以降のインターネットの出現や、アマゾンなどのネット通販企業の急成長によって、ダイレクト・マーケティングが当たり前の時代になっています。

　これまでダイレクト・マーケティングは、既存の店舗販売の補完的な役割を果たしていましたが、宅配便やプラットフォーム系企業の急成長につれ、現在は店舗販売を脅かす存在になっています。さらに、個々の顧客との関係を基盤として成長してきたダイレクト・マーケティングのフレームワークは、デジタル・マーケティングの原型とも言えます。そのため、デジタルがマーケティングを激変させている今日、ダイレクト・マーケティングをデジタルで塗り替えたのが、デジタル・マーケティングであると言っても過言ではありません。一方、モバイルやソーシャルメディアなどを活用した新たな形態のビジネスモデ

ルが展開されるなど、カタログやマス・メディアを中心とした既存のダイレクト・マーケティング業界ではパラダイムも大きく変わっています。

　本章では、ダイレクト・マーケティングの定義をし、その枠組みを考察していきたいと思います。ダイレクト・マーケティングの発生から現在に至るまでの変遷を、今日の課題をふまえて考察していきます。ダイレクト・マーケティングの発生から発展プロセスを振り返ってみることによって、グローバル化とメディアの激変の時代を乗り越える新たな知恵を得られるだろうと思います。

1. ダイレクト・マーケティング

　ダイレクト・マーケティングは、一般的には通信販売（mail order）を意味していますが、流通の機能から実店舗販売と対比する無店舗販売を意味する際には「通信販売」、マーケティングやコミュニケーションの観点から説明する際には「ダイレクト・マーケティング」という用語が使用されてきました。

　かつてアメリカのダイレクト・マーケティング協会（Direct Marketing Association）[1]では、ダイレクト・マーケティングを「1つまたはそれ以上の広告メディアを用いて、あらゆる場所で測定可能な反応や取引を達成することのできるマーケティング・システムである」と定義していました。

　マス・マーケティングとダイレクト・マーケティングの主な特徴を比較整理すると、

1) マス・マーケティングは、新規顧客の開拓に焦点を合わせていますが、ダイレクト・マーケティングは個々の顧客ニーズにフォーカスしています。
2) マス・マーケティングの成果は、売上と市場シェアに焦点を絞っているのに対し、ダイレクト・マーケティングは顧客関係性に焦点を合わせています。
3) マス・マーケティングは、標準化された製品およびサービスの提供を中心としていますが、ダイレクト・マーケティングは個々人に合わせてカスタマイズ化された製品およびサービスの提供が中心になっています。
4) マス・マーケティングにおけるプロモーション戦略は、マス・メディアを

活用した一方的な情報の伝達と説得が中心になっていますが、ダイレクト・マーケティングはターゲットとしている顧客への到達と、その効果に絞ったメディアだけを活用し、顧客との双方向性のあるコミュニケーションが中心になっています。

5) マス・マーケティングでは、多数の顧客に製品やブランドを売る戦略が中心になりますが、ダイレクト・マーケティングは、一人の顧客に複数の製品やブランドを売る、いわば「アップ・セリング（up selling：上位の高価な商品を売ること）」と、「クロス・セリング（cross selling：関連商品を売ること）」の戦略を採用しています。

6) マス・マーケティングのマーケティング活動への効果測定は難しく、売上や認知度などの間接的なデータによって測定しますが、ダイレクト・マーケティングではその費用対効果の測定が瞬時に確認できます。

7) マス・マーケティングの広告クリエイティブ戦略は、ヒット広告を生み出すビッグ・アイディアを目指していますが、ダイレクト・マーケティングは顧客の反応や販売データとテストに基づいているので、一人ひとりの顧客への商品案内や推奨をカスタマイズすることができます。

8) マス・マーケティングでは、各キャンペーンごとの短期的な戦略が前提とされますが、ダイレクト・マーケティングでは、顧客の個別反応と注文・コストなど、いわば顧客生涯価値（以下、LTV：life time value）として測定しているので、長期的な顧客との関係性を構築することができます。

9) マス・マーケティングの企業組織は、製品やサービスを中心とした組織構造になっていますが、ダイレクト・マーケティングは顧客を中心に事業横断的な組織構造を目指しています。

そのほかにもマス・マーケティングとは異なり、ダイレクト・マーケティングは、売上ではなく利益志向であること、市場シェアではなく顧客シェアを追求していること、顧客関係の差別化戦略であること、などの特徴があります（図表1-1）。

図表 1-1　マス・マーケティング vs. ダイレクト・マーケティング

マス・マーケティング	ダイレクト・マーケティング
標準化された製品およびサービスの提供が中心	カスタマイズ化された製品およびサービスの提供が中心
一方的な情報の伝達と説得	双方向性のあるコミュニケーション
売上や認知度などの間接的な効果測定	注文や問合せ件数などの直接的な効果測定
ビッグ・アイディアによるクリエイティブ	テストや購買データ分析によるクリエイティブ
製品およびサービスを中心とした組織構造	顧客を中心した事業横断的な組織構造
新規顧客開拓	既存顧客との関係性
多数の顧客に製品やブランドを売る	一人の顧客に複数の製品やブランドを売る：「アップ・セリング」と「クロス・セリング」
売上シェア志向	利益志向
市場シェア志向	顧客シェア志向
製品による差別化戦略	顧客関係による差別化戦略
マス広告によるイメージ戦略	個々の顧客とのコミュニケーション戦略

（出典）朴（2018a）「ダイレクト・マーケティングと顧客関係性マネジメント」

2. 通信販売の発祥と発展

　ダイレクト・マーケティングの発展プロセスは、通信販売の歴史でもありますので、通信販売の発展史を考察してみたいと思います。

　通信販売の起源は、ルネッサンス時代にまで遡ることができます。現存する最古のカタログは、商業印刷の父であるヴェネツィアのマニュティウスによる書籍の価格表です。マニュティウスは、1498 年、イルカと錨のロゴマークをつけたカタログを発行しました。アメリカの建国の父と称さるベンジャミン・フランクリンも、イギリス植民地であったアメリカで、1744 年に「知識と科学の主要分野にまたがる約 600 冊の書籍」というカタログを発行し、その表紙には「遠方に住んでいる人も、フランクリンに注文を伝え、代金を支払うなら

ば、まるでそこに居合わせているかのように、同一の正当な取り扱いを受けることになります」と刷られ、すべての人に同一価格で販売しました。「アマゾン」がインターネット書店から開業して世界最大のダイレクト・マーケティング企業に成長したことを考えると、決して偶然ではないと思います。

1800年代半ばからは近代的な通信販売が芽生えるようになります。近代的通信販売は、1872年のモンゴメリー・ワードからになります。南北戦争終戦後のアメリカでは、流通やインフラなどが整備されていなかったため、農民が購入する商品の価格が高い一方で、農産物の価格が安かった。そのため1867年、「中間業者を排除せよ」というスローガンのもとに、消費者との直接取引を目的とする農民共同組合「グレーンジ結社」が組織化されました。モンゴメリー・ワードは、1872年に全国「グレーンジ結社」と提携関係を結び、「正真正銘のグレーンジ結社の卸売商品の供給業者」という見出しのカタログを制作しました。彼は売り手と買い手の直接的な取引によって、既存の購入価格が40%も安くなると主張しました。さらに、1875年には返品および返金の消費者保護を取り入れることによって、近代的な通信販売が誕生します（Ross, 1984）。

1920年代からは、自動車の急速な普及や小売業の発展によって、通信販売のメリットが低下した結果、当時の通信販売の先駆的な企業であったシアーズ社とモンゴメリー社が、無店舗販売から百貨店などの店舗を中心とした小売を展開するようになります。1952年には、シアーズ社の売上の70%が店舗によるものになり、モンゴメリー社も同様に売上の66%が店舗からのものになりました（徳永，1990）。シアーズ社とモンゴメリー社のような商品種類数が訴求力になっている企業は、カタログを主力の媒体としていましたが、商品を絞り込んでいる企業はダイレクトメールが主力で、1960年代からは主な受注手段が電話、テレビ、ラジオに取って代わります。さらに、1990年代からは電子メディア（インターネットやモバイル）に移行しました。1995年にはアマゾンの誕生によって、通信販売市場のパラダイムが大きく変わることになります。アメリカ通信販売の歴史的企業であるシアーズ社が、2018年10月に破綻したニュースは、業界に衝撃を与えました。近代的通信販売業の先駆者であり、カ

タログ時代の王者であったシアーズの破たんが、パラダイムの変化に対応できなかった結果であることは間違いないでしょう。

3. 日本の通信販売

　日本における通信販売は、1875（明治7）年に農学者である津田仙が農学社を創設し、『農業雑誌』を発行して、翌1876年からアメリカ産トウモロコシの種苗を販売したのが始まりだといわれています。国内の通信販売の飛躍的な発展は、アメリカと同様に「郵便制度」というインフラの整備によるものでした。日本では、1871年に郵便制度が確立され、1873年には全国約1,100箇所の郵便取扱所が開設されます。

　1890年後半からは、「髙島屋」や「三越」などの百貨店が一斉に通信販売へ進出することになります。通信販売の広がりは、通信販売特有のシステム、つまり「代金前払い、商品後渡し」の当時の商習慣を悪用した詐欺や粗悪な商品の販売など悪徳業者への規制が強化されてからと考えられます。かつては悪徳業者が相次ぎ、消費者の間には通信販売は詐欺であるという認識が広がっていきますが、1910年に不正業者を取り締まるために「誇大広告による不正商人取締法」が制定されます。

　一方1940年代からは、戦争の影響による物資の統制によって通信販売も終息していくことになりますが、1951年には髙島屋が通信販売を再開し、その後、そごう（1952年）、大丸（1953年）等が続いて参入することになります。日本の通販に多大な影響を及ぼした日本リーダーズダイジェスト社のレコード通信販売が開始されたのも、同時期の1952年です。

　1960年までの日本の通信販売のメディアは、カタログや新聞を中心とした印刷メディアでしたが、1970年代からはテレビやラジオなどの電波メディアが通信販売にも利用されるようになります。さらに、クレジットカードの普及も通信販売の成長を加速させます。

　また、1976年にヤマト運輸が宅急便をスタートさせたことによって、通信販売が新たな展開を迎えるようになります。宅急便は個人宅宛ての宅配市場を

創造することにより、利便性が一気に高まりました。さらにその後、物流機能だけではなく、代金引換のサービスによって、通信販売の利用者にとって安心で安全な取引ができるようになったことも、通信販売の急成長を牽引することになります。

通信販売の法律としてのルールが、「訪問販売等に関する法律（現特定商取引法）」の中で定められ、かつての大正年間にあった不正業者による通信販売のイメージの失墜のようなリスクが回避されます。1970年代のこのようなインフラや法制度の整備は、通信販売業界の発展の基礎として重要な転換点になります。

1980年代からはメーカー（例：ポーラ化粧品）系や外資系（例：アメリカン・エキスプレス）、地場産品の業者など参入企業が多様化したことにより、通信販売の売上高は1982年度の6,400億円から1988年度に1兆3,200億円へと倍増、1980年代以降に飛躍的な成長を成し遂げました。

このような通信販売の量的な成長に伴い、政府による通信販売関連の法整備と同時に、1983年には「社団法人日本通信販売協会（JADMA）」が設立され、通信販売業界の自主的な規制および啓蒙活動によって、消費者における通信販売に対するネガティブなイメージが大きく改善されました（柿尾・朴, 2018）。

1990年代からは、インターネットという新たなメディアの出現によって、通信販売は新たな時代を迎えます。1997年の楽天市場、2000年にはアメリカのアマゾンジャパンの進出など、通信販売業界の勢力図が大きく変わることになります。さらに、2010年代以降は携帯端末の急速な普及とソーシャルメディアの浸透に伴い、パソコンを経由したインターネットからモバイルへ、さらに、スマートフォンとタブレットの普及によって、モバイルを経由したインターネットやソーシャルメディアの重要性がますます高まるなど、テクノロジーのイノベーションが通信販売のメディアだけではなく、消費者とのコミュニケーション手段にまで大きく影響を及ぼしています。通信販売企業の売上ランキングの変遷を考察するために、1991年と2018年の売上上位企業をみてみましょう（図表1-2）。

通販新聞社の発表データによると1991年の通信販売の売上ランキング上位企業は、カタログやテレビなどのセシール、千趣会、髙島屋、ニッセン、ディノスという順でした。2018年には、アマゾンジャパン、アスクル、ミスミグループ本社、ジャパネット、ベネッセコーポレーションの順になっています。図表1-2のように、1991年と2018年に発表された通信販売企業の売上ランキングでは、ダイナミックな変化が確認できます。このような劇的な変化の背景には、インターネットというメディア環境の変化、業態の多様化、業界内の競争激化などが挙げられます。特に、インターネットの急速な普及に伴い、カタログ系およびテレビ通販の衰退と、ネット通販の著しい成長がみられます。また、一般消費者向け（B to C）から出発した通信販売が、アスクルやミスミグループなどのビジネス向け（B to B）通販までも著しく成長させたことも確認できます。

図表1-2　通販上位企業の売上の変遷

1991年発表　　　　　　　　　　単位：百万円

順位	社名	前期売上高
1	セシール	187,111
2	千趣会	102.037
3	髙島屋	68,300
4	ニッセン	62,300
5	ディノス	55,000

2018年発表　　　　　　　　　　単位：百万円

順位	社名	前期売上高
1	アマゾンジャパン	1,336,000
2	アスクル	360,445
3	ミスミグループ本社	312,969
4	ジャパネットホールディングス	192,900
5	ベネッセコーポレーション	176,247

（出典）通販新聞のデータを基に修正作成

4. 通信販売のタイプと単品通販

　通信販売のタイプを、品揃え（広い・狭い）と顧客関係（深い・浅い）を軸として整理してみると、図表1-3のように整理することができます。広い品揃えの通信販売では小売業の論理が強く、狭い品揃えの通信販売ではメーカーの論理（メーカーの直販チャネル）が強く作用しています。そして、顧客関係では、継続性（リピート）を重視するタイプとヒット商品などでマス需要開拓を重視するタイプに区分されます。顧客データベースの有無というよりも顧客ロイヤルティが意味を持つか否かの分け方です。ここで注目している専門通販の中でも、単品通販は品揃え限定と顧客関係の深さが特徴となります（三村・朴, 2015）。

　日本のダイレクト・マーケティングは、東アジアでいち早く発達しました。明治期からアメリカのメールオーダーの通信販売を模倣した形で出発し、カタログ、テレビ通販、ネットというメディアの変遷に伴い発展を成し遂げてきました[(2)]。世界的にネット通販市場の寡占化が進む中、日本では健康食品、サプリメント、化粧品などの分野で台頭している、単品通販と呼ばれる領域の存在が見逃せません。独自の自然素材を使った製品の専門メーカーが事業を展開し

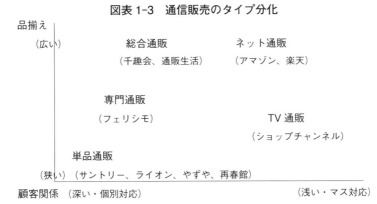

図表1-3　通信販売のタイプ分化

（出典）三村・朴（2015）

ていましたが、近年、食品・飲料、トイレタリーなどの有力消費財メーカーが新事業分野として積極的に参入するなど、成長し続けています。

　単品通販を牽引している企業は、2つのタイプに分けることができます。第一のタイプは、メーカー系通販と呼ばれるものです。従来、店舗小売業のチャネルを主体としてきた消費財メーカーが、ダイレクト・マーケティングの手法を使い、通信販売を新しい販売経路として市場開拓を行っている場合です。第二のタイプは、独自性の高い商品開発を起点として、ダイレクト・マーケティング手法を使って通信販売を行っている通販専業企業です。化粧品、機能性食品、農産物加工品などの分野で、直接顧客とつながることでこだわりのマーケティングを行っています。この2タイプの特徴と違いを整理すると図表1-4にようになります。

　単品通販の成功事例を考察した三村・朴（2015）の調査結果を紹介すると、以下のような特徴がありました。まず単品通販ならではの事業モデル、すなわち、売上げを牽引する基幹ブランドが存在し、そのブランドへの依存度が非常に高いことです。次に、顧客の商品および企業に対する信頼度の高さです。通信販売の課題としては、いまだに、決済の不安や欺瞞広告に騙されているのではないかなど、さまざまな不安要因（知覚リスク）が存在します。このような不安要因を解消できる親企業のブランド力やコールセンターなど、顧客と企業間のコミュニケーションによる、信頼性の高さが重要になります。顧客の信頼性に基づいた顧客エンゲージメントの育成の重要性がわかります。顧客とのコミュニケーションを中核に、顧客満足の重要性を社内で共有していて、全社的に顧客満足に取り組んでいます。一方で、顧客との関係構築（CRM）、媒体選択、顧客とのインターフェイスの作り方において、それぞれ企業の環境によってコミュニケーション戦略上大きな違いがありました。

　ネットの普及や市場変化を背景に、店舗販売と無店舗販売の壁がなくなりつつある中で、単品通販は品揃えを拡張していく"小売発想"ではなく、製造技術、原材料、製品の成分や機能要素の独自性にこだわる"メーカー発想"が有効です。有力食品・飲料メーカーや雑貨・化粧品メーカーが新市場開拓の販売チャネルとして期待しているのはそのためです。

図表1-4　メーカー系通販と専業通販

	メーカー系通販企業	通販専業企業
出自	・市販チャネル ・他分野製品（通販の商品とは違う分野で一定の売上を持っていた）	・通販そのもので立ち上げ
通販活用の意図	・自社経営資源（調達や、技術）をビジネスとすべくチャネル探索を行った結果、従来は活用していなかった通販を選択。 ・経営資源＝コーポレートブランド、研究開発力、マーケティング力（ただし、販売上は通販とは異なる力）	・もともと、流通企業に対する交渉力は低く、商品を生活者に届ける手段として流通業に依存しない通販を選択。同様の目的で訪問販売を採る場合も散見される。（ただし、ポーラはもともと訪問販売）
ビジネスモデル	単品通販	
品数	・少なめ。ただし事業規模増大に伴い品数増大。	・少なめ。ただし事業規模増大に伴い品数増大。 ・企業毎に代表的な商品が存在。
フルフィルメント	・外部委託で事業スタート。 ・自社コールセンターを持つ企業は少ない。（大部分が、外部委託）	・自社コールセンターを持つ。 ・コールセンターだけでなく、立ち上げ時には創業者が自らが多くの作業を実施。
運営	・組織でのマネジメント ・品質基準厳しい。	・（尖がった）創業者主導マネジメント
戦略	・売れ筋商品を探しながらの品揃えに留まり、戦略的展開には乏しい感じがある。	・創業時からの「思い」が起点。

（出典）乗竹史智作成「序章」三村・朴編（2018）

　ただし、コミュニケーション戦略の観点に立つと、情報コミュニケーション技術を重視している企業と、ヒューマン・コミュニケーションを重んじている企業は対照的でした。企業間のコミュニケーション戦略の違いは、当該企業の事業モデルや経営資源などに起因すると考えられますが、情報コミュニケーション技術とヒューマン・コミュニケーションをどのようにバランスよく活用

していくかは、重要な課題であると考えられます。

5. ネット通販市場の動向

　2017年度（2017年4月〜2018年3月）の国内の通信販売市場の売上高は、前年度8.8％増の7兆5,500億円となり、金額ベースでは前年度に比べて6,100億円の増加になりました。1998年以来19年連続して、通信販売市場は増加が続き、直近10年の平均成長率は6.9％となったように、成長が続いています[3]。

　このような持続的な成長の背景をJADMAではBtoBやモール系が堅調であること、アパレルや趣味娯楽系、24時間専門チャンネルをはじめとしたテレビ通販の伸長などをあげていますが、インターネットやモバイルを中心としたネット通販の成長は無視できない存在といえます。

　経済産業省の「平成29年度電子商取引に関する調査報告書」によると、2017年度の日本のBtoCのネット通販（EC）の市場規模は16兆5,054億円であり、2016年度比で9.1％も増加しました。各分野別の構成比率をみると、物販系分野の市場規模は8兆6,008億円で、2016年に比べて7.5％増加しています。サービス系分野は、5兆9,568億円で、2016年に比べ、11.3％という高い増加率になっています。デジタル系分野も、1兆9,478億円となり、2016年に比べ、9.5％という高い成長率を示しています。EC化率も2016年5.43％から2017年度には5.79％に増加しています（図表1-5）。

　また、2017年のBtoB EC市場規模は、317兆2,110億円であり、2016年より9％の増加になりました。BtoBのEC化率は、29.6％にも達しています。

　このようなEC化率の増加は、総務省統計局の家計消費状況調査でも確認できます。2018年10月分のネットショッピングの状況をみると1万2,962円であり、2017年10月の1万360円よりも25.1％も増えました。ネットショッピング利用一人当たりの支出額では、2018年は3万1,625円になり、2017年10月の2万9,305円よりも7.9％も増えていることがわかります。さらに、ネットショッピング利用世帯の割合も、2017年10月35.4％から、2018年10月に

図表1-5　B to C —EC 市場規模および各分野の構成比率

	2016年	2017年	伸び率
A．物販系分野	8兆43億円 (EC化率5.43%)	8兆6,008億円 (EC化率5.79%)	7.5%
B．サービス系分野	5兆3,532億円	5兆9,568億円	11.3%
C．デジタル系分野	1兆7,782億円	1兆9,478億円	9.5%
総計	15兆1,358億円	16兆5,054億円	9.1%

（出典）経済産業省（2018）「平成29年度　我が国におけるデータ駆動型社会に係る基盤整備：電子商取引に関する市場調査」

は41%となっています。

　ネット通販市場の動向を整理すると、スマートフォンを経由した市場が成長しています。物販分野における2017年のスマートフォン経由の比率は全体の35%となり、3兆90億円となりました。2016年に比べて、17.7%も成長しています。この結果、大手ネット通販企業では、すでにスマートフォンを経由した売上が売上全体の半分を超えるなど、ネット通販の中心がパソコンからスマートフォンを中心とするモバイル機器に移行していることが確認できます。次に、C to C市場の成長です。経済産業省のデータによると、ネットオークションの2017年の市場規模は、1兆1,200億円であり、その中でC to C市場の規模は3,569億円でした。さらに、2017年のフリマアプリの推計市場規模は、4,835億となっています。さらに、B to Bや越境通販の成長からも目が離せません。

6. ネット通販市場の寡占化と課題

　情報テクノロジー、メディアやロジスティクス（宅配便）などによって、世界各国のネット通販市場は、プラットフォームを基盤とする企業の寡占化が急速に進んでいます。ネット通販市場の寡占化が進んでいる要因を整理してみると以下のようになります。

　第一に、プラットフォームというネット通販企業特有のビジネスモデルによ

るものです。プラットフォームを基盤とすることによって、規模の経済と範囲の経済のメリットを同時に享受できます。たとえば、アマゾンと中国のアリババは、ネット通販市場では規模の経済（コストダウン）と範囲の経済（売上の増大）を同時に実現しています。プラットフォーム型を用いることで自社のリスク（資金・在庫・管理など）を最小限にすることによって、既存の流通企業では回避できなかったリスク要因も軽減できたと言えるでしょう。

　第二に、消費者側の要因も考えられます。ネット通販の上位企業であればあるほど、取扱商品数と店舗数が多くなり、商品の選択肢が増えます。これによって、さまざまな消費者のニーズを満たすことができ、消費者側からすると買い物を娯楽として楽しむことができます。さらに、当該サイト内での業者間およびブランド間の価格競争が激化し、消費者にとってはより手ごろな価格で商品を購入することができます。ネット通販企業の売上が上がれば上がるほど、取扱商品の配送量も増えるため、配送費用をめぐる宅配業者への交渉力を強化することにもつながります。

　「価格」はネット通販サイトの購買行動に最も重要な要素であると考えられるため、インターネットにより購買前の事前探索と商品選択が容易になったことが、非対面販売の典型的な特徴ともなる価格重視の購買だけではなく、信頼性、利便性なども増加させ、一部の企業への寡占化が進むようになっています。

　第三に、テクノロジーとグローバル化の要因です。たとえば、アマゾンのほしいものを探す検索機能、ネット通販業者からのお勧めリスト、他の購入者によるレビューなどのネット通販のサイトは、アルゴリズムなどの最先端技術を駆使した産物になります。より利便性の高いサイトを構築するためには最新のテクノロジーが必要不可欠であり、そのテクノロジーの開発には莫大な投資が必要になっています。その結果、企業間テクノロジーへの投資金額の差は、顧客利便性にそのまま反映されてしまいます。さらに、アマゾンのように、グローバル的なネットワークのある企業は、グローバル的な知識移転によって、ローカル企業とのイノベーション力やテクノロジーの格差を広げています。

　これらの要因から、プラットフォーム系企業によるデータの寡占化に対し

て、欧州などでは独占禁止法などの適応などを検討していますが、独占禁止法の適応への困難などからネット通販市場はより寡占化が進む可能性が高く、カタログ系の総合通販企業の基盤を崩すだけにとどまらず、店舗系の流通企業の存続を脅かす存在になっています（朴，2016）。

7. 日本型のダイレクト・マーケティングへ

　本章ではダイレクト・マーケティングの発生から、発展プロセスと現状を考察しました。ダイレクト・マーケティングの成立には、郵便制度の成立（小包郵便、代金引換郵便、郵便振替）、マス・メディアの発展、運輸配送網の広がり（初期的には鉄道輸送、後にトラック輸送と宅配便）、そして消費者保護制度など社会制度の整備が整った環境下で成長してきました（三村・朴，2015）。

　ダイレクト・マーケティング業界の歩みを総括してみると、日本は明治期からアメリカのメールオーダーの通信販売を模倣した形で出発し、カタログ、テレビ通販、ネットというメディアの変遷に伴い発展しました。プラットフォーム系企業によるネット通販市場の寡占化の中、日本では単品通販の存在に注目する必要があります。

　ダイレクト・マーケティングの現状と課題を提示するには、プラットフォーム系ネット通販とその他の市場に区分して考える必要があります。たとえば、国内市場でも、2010年度以降のネットを基盤とするアマゾンや楽天市場の寡占化は、ダイレクト・マーケティングの売上高の推移でも確認できます。

　しかし、厳密な観点からダイレクト・マーケティング市場の特性をみると、プラットフォーム系ネット通販はマス・マーケティングの色合いが濃く、ニッチを中心として成長してきたダイレクト・マーケティングとは異なる箇所が多いことを指摘せざるを得ません。

　日本の単品通販は、典型的なニッチを中心としたダイレクト・マーケティングですので、ダイレクト・マーケティングのパラダイムシフトに対応し、新たな成長を目指す際には最も良いケースになるかと思います。単品通販では、プラットフォーム系ネット通販とは異なる漢方・ハーブ・野菜・蜂蜜などの自然

食材を使った製品の差別化と、顧客エンゲージメント[4]の育成を徹底してきたことが確認されています。その結果、プラットフォーム系のネット通販の勢いに屈することなく、日本の単品通販は成長を続けています。成長要因の中で最も注目すべき点は、顧客との絶えざるコミュニケーションによって、商品および企業に対する信頼度を育成した顧客エンゲージメントです。したがって、プラットフォーム系のネット通販に翻弄されないためには、まずは技術開発や原材料などの自社特有の独自性を追求したうえ、ダイレクト・マーケティングならではの顧客との双方向性のコミュニケーション・システムによって、顧客エンゲージメントを育成していく必要性があると考えられます。

(1) 1917年に設立されたアメリカのダイレクト・マーケティング協会(以下、DMA：Direct Marketing Association)は、創立100年を迎えた2017年に、その名称をデータ＆マーケティング協会(Data & Marketing Association)に変更した。
(2) 韓国(1980年代)と中国(1990年代)で本格的なダイレクト・マーケティングが始まったのは、ここ30年程度。
(3) JADMA発表の売上高は、当協会会員462社を対象に実施した「第36回通信販売企業実態調査」から得た回答の売上部分を先行集計した結果と、各種調査から推計できる有力非会員307社の売上を加えて算出しているので、既存通販市場を中心に算出されているという。
(4) ダイレクト・マーケティングにおける顧客エンゲージメントとは、定期注文顧客のようにロイヤルティの高い定期購買顧客を指す。

第2章
ダイレクト・マーケティングにおけるCRM
──顧客関係性マネジメント──

　顧客との良好な関係の構築、維持および管理にはどのような施策が必要なのかということは、ほとんどの企業でマーケティング実践上の課題となっています。従来のマーケティング理論は、大量生産と大量消費を前提とするマス・マーケティングから発生しています。しかし、市場の成熟化やグローバル化、商品のコモディティ化だけではなく、メディア環境のデジタル化、情報通信テクノロジーの発展などによって、特に日本のような成熟市場の消費者にはマス・マーケティングではもはや通用しなくなっています。それゆえ、企業には顧客をより深く理解し、顧客との関係性を強化する新たなマーケティング戦略が求められています。

　情報通信テクノロジーの急速な進歩や、競争の激化などの要因によって、マス・マーケティング戦略の課題が浮上し、そのため顧客との関係性に注目するようになっています。ダイレクト・マーケティングは、顧客との関係性をベースとして成長してきたマーケティングの領域であり、顧客関係性マネジメント（以下、CRM：customer relationship management）が想起されるほど、顧客データベースを基盤としたマーケティングでもあります。

　1917年に設立されたアメリカのダイレクト・マーケティング協会（以下、DMA：Direct Marketing Association）は、創立100年を迎えた2017年に、その名称をデータ＆マーケティング協会（Data & Marketing Association）に変更しました。創立100年となる年に、協会を特徴付ける名称であった「ダイレクト」を「データ」に転換するという大胆な決断を行ったのは、ネット通販の普及やメディアのデジタル化に伴い、ダイレクト・マーケティングが当たり前になっ

たと同時に、「データ」の重要性がより高まったことを意味します。

情報のデジタル化がマーケティングを激変させている今日、個々の顧客との関係を基盤として成長してきたダイレクト・マーケティングの中核的な技法やマネジメントは、デジタル化時代の新たなマーケティング戦略の指針ともなっています。本章では、ダイレクト・マーケティングのビジネスモデルの、最大の特徴とされているCRMについて考察します。

1. 顧客関係性（customer relationship）の本質

大量生産・大量消費時代に誕生したマーケティングは、企業側の視点から出発しました。1990年代以降の市場の成熟、グローバル化による競争の激化、商品のコモディティ化、メディアのデジタル化や情報通信テクノロジーの発展などの市場環境や競争環境の変化に伴い、顧客関係の重要性が注目されるようになっています。それゆえ、経済的な有用性から出発した従来型のマーケティング戦略は、交換（exchange）から関係（relationship）へと主なコンセプトのシフトがなされました。

マーケティングの進化プロセスの中で、顧客の本質を考察してみたいと思います。図表2-1でみるように、これまで受動的な視聴者のような存在だった「顧客（customer）」は、2000年代からは能動的な「顧客」となりました。そして、企業のコミュニケーションは、顧客の期待感を具体化すると同時に、顧客が話題（buzz）を生成することを刺激するためにも、彼らとの多様なコミュニケーションが求められています。したがって、顧客が企業のコンピタンス（competence）の源泉であることを認識する必要があります（Prahalad & Ramaswamy, 2001）。

Peppers & Rogers（2017）は、一般的に、ビジネスにおける関係性（relationship）の特徴としては、相互関係や相互作用、反復があること、両者に継続的な利益をもたらすこと、両者に行動変化があること、信頼関係が築かれていること、などを挙げています。このような関係性を顧客関係性として構築するフレームワークに、「顧客環境を理解すること」、「顧客の期待を満たすこと」、

図表 2-1　顧客関係性の進化と変革

	受動的な視聴者としての顧客			積極的なプレーヤーとしての顧客
	あらかじめ決められた買手集団の説得	個別買手との取引	個別顧客との生涯連帯	価値の共同創造者としての顧客
時間枠	1970年代、1980年代初頭	1980年代後半から1990年代初頭	1990年代	2000年を超えて
ビジネス交換の本質と顧客の役割	顧客は受動的な買手と見なされる。			顧客は強化されたネットワークの一部であり、ビジネス価値を共同で創造し、抽出する。顧客は協力者、共同開発者および競合者である。
経営者の考え方	顧客は平均統計値である。それゆえ、買手のグループは企業によってあらかじめ決められている。	顧客は取引での個別統計値である。	顧客は人間だ。それゆえ、信頼と関係性を育てる。	顧客は個人だけでなく、新しい社会的、文化的構造の一部である。
顧客と相互作用する企業、製品とサービスの開発	伝統的なマーケティング・リサーチおよび探求、製品やサービスは特別なフィードバックなしに行われる。	セリングから、ヘルプデスク、コールセンター、カスタマー・サービス・プログラムを通じた顧客支援への移行。顧客からの問題を特定し、そのフィードバックに基づいて製品とサービスを再設計する。	ユーザーを観察して顧客に提供する。初期購入者からの解決策を特定し、顧客の深い理解に基づいて製品やサービスを再設計する。	顧客は個人的な経験の共同開発者である。企業と初期購入者は、教育、期待の具体化、製品とサービスの市場受容を共同創造する。
コミュニケーションの目的と流れ	あらかじめ決められた買手集団にアクセスしてターゲットを絞る。一方的コミュニケーション	データベース・マーケティング：双方向コミュニケーション	関係性マーケティング：双方向コミュニケーションとアクセス	顧客との積極的な対話により、期待を具体化し、話題をつくる。顧客にマルチレベルの接近とコミュニケーション。

（出典）Prahalad & Ramaswamy（2001）を基に筆者作成

「顧客との情緒的関係を構築すること」、「顧客の経験を開発すること」、「顧客エンゲージメントを創り出すこと」を提示しました。

　顧客ベース価値を高めるためには、顧客を獲得（get）・維持（keep）・育成（grow）する必要があります。最初の顧客獲得の段階では、収益性の高い顧客を獲得して、次の顧客維持の段階では、①収益性の高い顧客を長く維持する、

②収益性の高い顧客を取り戻す、③不採算の顧客を排除することが必要です。最後の育成の段階では、①アップ・セリング、②クロス・セリング、③紹介やクチコミの便益、④サービスや運営コストの削減があります（Peppers & Rogers, 2017）。これらの内容をまとめたのが図表2-2です。

Peppers & Rogers（2017）によると、顧客維持（customer retention）は関係性（relationship）とは異なります。顧客維持は行動的ロイヤルティですが、関係性は情緒的ロイヤルティ（emotional loyalty）も含むと指摘しています。顧客との関係性を重視する関係性マーケティングの目標は、当該企業の収益に持続的に貢献する顧客を維持・管理することです。そのためには、顧客を獲得して満足させ、その関係性を維持・強化する必要があります。顧客側からすると、このような関係性を構築すれば、信頼できる企業との関係は取引コストを削減でき、商品探索やスイッチング・コストの削減などを軽減できる信頼便益（confidence benefits）が形成できます。

長期的には関係志向的（relationship-oriented）なサービス企業のほうが、取引志向的（transaction-oriented）なサービス企業より、投資収益率（ROI）が高いことが明らかになっています（Kumar, 1999）。

図表2-2　顧客ベース価値を高める

・収益性の高い顧客を獲得する	獲得
・収益性の高い顧客を長く維持する ・収益性の高い顧客を取り戻す ・不採算の顧客を排除する	維持
・アップ・セリング（upselling: 上位の高価な商品を売ること） ・クロス・セリング（cross-selling: 関連商品を売ること） ・紹介やクチコミの便益 ・サービスや運営コストの削減	育成

（出典）Peppers & Rogers（2017）を基に筆者作成

顧客との長期的な関係は、購買額が増え、マーケティング関連のコストが削減できる効果があります。Reichheld & Sasser（1990）の研究によると、顧客の維持による収益がどれくらい大きいのかが明確に確認できます。このような顧客維持の効果は、顧客の継続購買によって購買が増えることと同時に、利益も増加するだけではなく、その運営や管理コスト、広告やプロモーションに対する費用も削減できます。

顧客維持の効果を顧客離脱の防止の側面からみると、顧客離脱を 5% 減少させると、支店預金（85%）、クレジットカード（75%）、業務用流通（45%）、業務用洗濯（45%）、自動車サービス（30%）、クレジット保険（25%）などのように、85% から 25% まで収益を高めることができます（Reichheld & Sasser, 1990）。既存顧客の再購買は、マーケティングのコスト費用を削減できます。新規顧客は、既存顧客に比べて 90% もコストがかかるという調査結果もあります（Dhar & Glazer, 2003）。

さらに、顧客との関係性を維持することによって、顧客はクチコミやソーシャルメディア上でも企業やブランドに対して、高い評価をするようになります。さらに、ブラック・コンシューマー[1]から当該企業を守ってもくれます。このように、ソーシャルメディアの影響力の増大により、顧客との関係性を維持する重要性がさらに増しています。

2. CRM の登場と歴史

顧客との持続的な関係性が重要になるにつれて、登場したのが CRM です。CRM は、Customer Relationship Management の頭文字をとった略語が定着した言葉であり、翻訳すると顧客関係性マネジメントです。

CRM の歴史をみると、通信販売との関連性が強く見受けられます。通信販売では、顧客の注文履歴から作成した名前、住所、電話番号などの顧客名簿が存在し、いち早くその重要性が認識されてきました。この顧客名簿や顧客管理をシステム的に体系化したことにより登場したのが CRM です。特に、1980 年代からのコンピューターやデータベース関連のテクノロジーの進歩によっ

て、顧客名簿はコンピューターによってシステム化されました。その結果、企業内の顧客情報は、コンピューターによって科学的な方法で分析・構築・管理できるようになり、CRMが登場することになりました。

　一方、1990年代にはPOSシステムや営業支援システム（以下、SFA：Sales Force Automation）が普及し、既存の顧客名簿に顧客サービスや販売のデータなども取り入れられるようになりました。さらに企業内のシステムとして、1990年代からはERP（Enterprise Resource Planning）という、製造から流通までの企業内業務を自動化するソフトウェアが導入されました。CRMはSFAやERPとは異なり、顧客を維持・管理し、分析するために活用されることが多かったため、データベースを管理するソフトウェアにすぎませんでしたが、1990年代以降は顧客との関係性が強調されるようになり、マーケティングやマネジメントの領域まで拡大するようになりました。そして、テクノロジーの進化により、企業は顧客の購買データを追跡することができ、実店舗の販売経路では直接入手できなかった購買データを入手して活用するようになり、顧客の属性などの基本データから行動データまで幅広いデータを把握できるようになりました。

　データベース・テクノロジーの発展のおかげで、企業は個々の顧客を追跡し、区別することができるようになりました。ウェブサイトのほか、コールセンターやSFAなど、双方向性のテクノロジーがあれば、顧客から企業への接続を自動化し、製品・サービスの仕様も含めたフィードバックを個々の顧客から受け取れるようになります。このようなマス・カスタマイゼーションのテクノロジーの中核になっていたのがCRMです。

　しかしながら、2000年代以降はCRMの効果に関する指標が発表されるようになりCRMの導入効果に対する疑問が浮上することになります。例えば、2000年代から発表されたCRM導入の失敗率をみると、Gartner Group（2001年：50%）、Butler Group（2002年：70%）、Selling Power, CSO Forum（2002年：69%）、AMR Research（2005年：18%）、AMR Research（2006年：31%）、AMR Research（2007年：29%）、Economist Intelligence Unit（2007年：56%）、Forrester Research（2009年：47%）であり、CRM導入の失敗率は驚くほど高

いことが発表されます⁽²⁾。その結果、CRM 導入の投資費用に比べて顧客管理にあまり貢献していないという CRM 効果の疑問が浮上する時期もありました。このような CRM 導入の主な失敗の主な要因は、CRM に対する認識不足、社内の活用知識不足、販売と管理部門間のコンフリクトなどが挙げられます。

一方、2000年代後半には、ソーシャルメディアの登場と普及によって、ソーシャル CRM などの新たな動きが登場し、顧客自ら発信したソーシャル上のデータや潜在顧客の動向など、企業内に蓄積された顧客データだけではなく、顧客の多面的なデータとの融合を可能にしました。さらに、人工知能（以下、AI：Artificial Intelligence）技術の発展により、CRM の基盤となる顧客データの分析や活用の範囲はさらに広がりを見せていきます。その結果、現在は大手だけではなく中小企業に至るまで、顧客マネジメントの一環として CRM は認識されています。さらに、デジタル革命ともいえるこのような情報通信テクノロジーの飛躍的な進歩は、CRM にも大きな影響を及ぼしています。その結果、現在のデジタル・マーケティングにおける CRM の位置づけはマーケティング活動の中核になっています。

3. 顧客価値の評価基準

CRM を戦略的に活用するためには、顧客価値が何かを明確にする必要があります。顧客価値をどのように分析するかは、企業の限られたマーケティング関連の資源をどのように配分するかを意味するので、企業にとっては非常に重要な課題です。

顧客価値を測定する方法としては、顧客生涯価値（LTV）、カスタマー・エクイティ（customer equity）、顧客シェア（share of customer）、RFM（recency：直近の購買時期、frequency：購買頻度、monetary value：累計購買金額）、市場シェア（market share）、売上高成長性（sales growth）、獲得率（acquisition rate）、獲得コスト（acquisition rate）、顧客購買力（size of wallet）、維持率（retention rate）、離脱率（defection rate）、生存率（survival rate）などが挙げられます。その中でいくつかの主要な「評価基準」を考察してみたいと思います。

LTV とは、顧客が生涯にわたって企業にもたらしてくれる利益（収入－費用）の合計を、現在の価値として換算したものです。LTV は、顧客の生涯収益と費用によって計算されることが多く、顧客との長期的な関係性を示す指標です。

　LTV は顧客個人を測定する方法ですが、カスタマー・エクイティは、その企業のすべての顧客の生涯価値の合計です。LTV とカスタマー・エクイティは、顧客を一律に見なした絶対値であるために、顧客別の相対的価値は考慮されていません。顧客別の相対的な価値を判断できる指標は、顧客占有（share of customer）率です。顧客占有率は、ある顧客が消費する製品やサービスの中で、特定企業の製品やサービスの比率です。顧客購買力（size of wallet）は、特定の商品カテゴリー全体における、顧客が支出できる総支出額を意味します。

　これらの顧客価値を測定する指標とは異なり、顧客との関係の行動的数値を測定する指標が RFM です。RFM 分析は、ある顧客が直近ではどのくらいの頻度で、いくら購買したかを示します。実際、多くの企業では RFM 分析を顧客のランク分けの基準として活用し、ランク別にカスタマイズされた顧客サービスを提供しています。

　しかし RFM も、万能な CRM の評価基準ではありません。Dhar & Glazer（2003）によると、RFM 分析には、①顧客の獲得・サービス・維持に必要なコストが無視されている、②顧客の過去の不安定な購買行動が将来の購買パターンにどのように影響するのかわからない、③マーケットやマクロ経済の力が顧客一人ひとりの購買パターンにどれくらい選択的に影響を及ぼすのかについて考察されていない、などの課題があると指摘されています。

4. テクノロジー中心の CRM

　先述しているように、CRM の導入失敗率は驚くほど高く、その導入と実行には戦略的なマネジメントが求められています。多くの CRM が失敗してきた主な要因の１つは、企業内の意思決定プロセスの中で、テクノロジーに翻弄された結果ではないかと思います。テクノロジーを妄信し、CRM の中心が顧客

ではなく、テクノロジーになった結果だと考えられます。

　テクノロジーの本質を理解するために、Mick & Fournier（1998）による「テクノロジーのパラドックス」を紹介します。テクノロジーは、①コントロールとカオス（テクノロジーは秩序や規制は容易であるが、大破壊や無秩序をもたらす）、②自由と奴隷化（テクノロジーは独立や自立を促すが、従属と過度の依存をもたらすことがある）、③新しいものと時代遅れのもの（新しいテクノロジーは便益を提供するが、これらは急速に陳腐化されてしまう）、④能力と無能（テクノロジーをマスターすることは自己効力感を高めるが、この必要とするスキルが得られないと、愚かさを感じさせる）、⑤効率と非効率（テクノロジーは時間と努力を節約できるが、わがままをもたらす）、⑥ニーズの充足と創造（テクノロジーはニーズを満たすだけではなく、新たなニーズを作り出す）、⑦同化と隔離（テクノロジーは人々を結集させることができるが、隔離することもできる）、⑧エンゲージメントとディス・エンゲージメント（テクノロジーはエンゲージメントを構築することもできるが、受動性と断絶にもつながる）、という特徴があるとテクノロジーの特性に警鐘を鳴らしています。

　テクノロジー中心のCRMの課題を整理すると、以下のようになります。

　第一に顧客情報の収集や管理の慎重さの重要性です。CRMは単に顧客を募り、そのデータから収益を得るデータベースではありません。例えば、近年は町の小さいお店でもポイント・カードであったり、会員サービス制がみられるように、あらゆる業種で顧客情報を収集することが一般化しています。どの企業でも顧客の個人情報を集めようという風潮がありますが、顧客側からすると、氏名、住所、電話番号、生年月日などを記入することには抵抗感があります。これらの顧客情報をCRMとしてデータベース化するためには、少なくとも顧客のデータを大切にする姿勢が必要となります。個人情報が顧客の許諾なく企業側の都合か内部の不正によって、勝手に他社に転売され、社会問題化しています。その結果、顧客に多大なダメージを与えるだけではなく、企業業績にまで影響してしまいます。

　CRMは、顧客との信頼関係が必要であり、その信頼関係には、顧客情報など顧客を大切にする企業側の意識が前提となります。したがって、顧客情報は

企業のものではなく、顧客のものであり、企業側が勝手に使うと信頼関係が崩れてしまう恐れがあることを、社内で徹底的に認識する必要があります。

　第二に、CRM の情報によって、一見顧客の動向をすべて把握しているように見えますが、CRM のデータは既存顧客との取引データが中心であり、購買動機や購買に影響を及ぼした先行要因などに関する情報はデータ化されていません。さらに、CRM は数値化された定量的な顧客データだけが蓄積されていますので、顧客の感情などの定性的なデータの情報は蓄積されていないことに注意する必要があります。

　したがって、社内で蓄積されている CRM のデータだけではなく、消費者嗜好の変化などの情報を、総合的に考察する必要があります。それゆえ、CRM を戦略的に活用するためには、既存の顧客データに留まらず、顧客の生きた声を反映できる定性的情報を蓄積・共有、または活用する仕組みも取り入れるべきでしょう。

　第三に、CRM をマーケティング戦略として発展させるためには、CRM はテクノロジーではなく、顧客との関係性を深めるマネジメント手法であることを常に意識すべきです。CRM を顧客を管理するテクノロジーだと思い込んでしまうと、CRM に関連するテクノロジーの機能性だけに目を奪われてしまい、数値に翻弄されてしまいます。

　常に CRM をマーケティング戦略の観点から見直し、何が自社の顧客との関係を強めるかを判断する手段として活用しなければなりません。そのためには、企業内の組織改革も欠かせません。既存のシステム関連部署を軸とした CRM のシステム構築ではなく、顧客視点を重視したマーケティング関連部署による CRM の構築・運営が求められています。また、いかに最新の CRM システムと言えども、購入と同時に陳腐化が始まるテクノロジーの性質を踏まえ、顧客との関係性の向上効果を綿密に分析することが求められます。

　デジタル時代の顧客は、テクノロジーよりもむしろ感情的な関係性を求めていることにも注目する必要があります。CRM の本質はデータではなく、顧客との関係性にその中心があることを忘れてはなりません。デジタル化によって、すべてのメディアがデジタル化されても、その中心に存在するのはわれわ

れ人間です。さらに、顧客との関係性を発展させるためには、当該顧客と日々接する従業員の重要性も看過してはなりません。満足した従業員は顧客を創出し、満足した顧客は再び従業員の職務満足を強化します。特に、デジタル化時代の CRM の中心は、機械やシステムではなく人間であり、そのコミュニケーションは企業・顧客・従業員間のヒューマン・コミュニケーションによって形成されると考えられます。顧客との関係性を高めるためには、顧客だけではなく、従業員に対する投資も重要であり、採用からトレーニングなどに至るまで、組織内でも顧客との関係性を尊重し、発展できる企業体制や文化がなければと、真の顧客関係を構築することはできないでしょう。

5. これからの CRM

　CRM は顧客に関する知識を獲得し、その知識を用いて顧客満足度を高めるシステムであることが確認され、CRM の導入は顧客の維持率を高めると同時に顧客離脱を防ぐことができます。さらに、CRM は、システム的に顧客満足度とロイヤルティを高めることによって、クロス・セリングやアップ・セリングを可能にし、顧客エンゲージメントを高めることができます。
　インターネットやソーシャルメディアの普及は、CRM の領域にも大きな影響を及ぼしています。さらに、データの保存・管理のテクノロジーの進展も、これまでは入手できなかった顧客データを分析できるようになったため、顧客の取引情報だけではなく、潜在顧客と既存顧客のソーシャル上のクチコミなども統合的に分析・管理できるようになりました。メディアのデジタル化もCRM の重要性をさらに強め、単なる顧客管理システムに過ぎなかった CRM の活用が、顧客とコミュニケーションに欠かせない存在になっています。
　一方、CRM の導入は必ずしも顧客関係性を保証するものではなく、企業による顧客との本質的な関係を高める努力が必要となります。先述したように、多くのテクノロジー中心の CRM の失敗は、顧客との関係性よりも顧客データだけに気をとられた結果、データの分析や運営というテクノロジー的な要素だけが重要視されてきたことによります。しかしながら、CRM の本質は、顧客

との関係性そのものにあることから、顧客との関係性を発展させるためには、マーケティング・コミュニケーション戦略と表裏一体の関係とすべきです。

したがって、CRM を活用して顧客とのコミュニケーションをマネジメントし、顧客との関係性を総合的にマネジメントできる戦略的手段として CRM を発展させる必要があります。さらに、企業側の都合による短期的な収益ベースの顧客関係ではなく、顧客視点からの関係性は何かを、真剣に検討すべきではないでしょうか。

競争環境が激化するにつれ、企業視点からの一方的な顧客関係は、もはや機能しなくなりつつあります。企業の収益源を目当てにした顧客関係性と、顧客視点からの顧客の興味・関心の対象としての顧客が求める顧客関係性は異なります。誰でも経験したことがあるかと思いますが、無差別的なメールやしつこい電話は、顧客に不快感を与えます。これまでの CRM では、顧客を「人」ではなく自社の獲物として扱ってきたことも否定できません。これからは顧客から求められる関係の本質とは何かを検討したうえで、顧客とのバランスのよい関係性を維持できる CRM を構築しないと、顧客は背を向けていくことになります。さらに、顧客と直接関係性を構築する従業員の重要性も忘れてしまわないようにしなければなりません。

（1）企業側に無理な要求をしたり、暴言などを吐く消費者。
（2）Krigsman, Michael（2009）"CRM failure rates: 2001-2009"（http://www.zdnet.com/article/crm-failure-rates-2001-2009/：最終アクセス 2019 年 2 月 28 日）

第3章
ダイレクト・マーケティング・コミュニケーション

　ネット通販の急成長によって、ダイレクト・マーケティング・コミュニケーション戦略の進化が求められています。ダイレクト・マーケティング業界でも、テレビ・新聞・雑誌・ラジオなどのような既存メディアを中心にしてきた企業が、現在はネット通販に力を入れるなど、デジタル化が進んでいます。一方、従来型のマーケティング・コミュニケーション手法であった、テレビや紙をベースとする新聞や雑誌も、その影響力が弱まっているとはいえ、シルバー層を基盤としたメディアとして、その存在価値を存分に発揮しているため、ダイレクト・マーケティング企業の広告がその紙面の多くを占めています。

　このように、現在のダイレクト・マーケティング・コミュニケーションを取り巻く環境の変化は、従来型のメディアからデジタル・メディアへの転換期、または過渡期として位置付けることもできます。

　本章では、ダイレクト・マーケティング・コミュニケーションを定義し、その特徴とコミュニケーション戦略の必要性について考察します。それから、顧客接点とヒューマン・マーケティングの重要性を論じ、これからのダイレクト・マーケティング・コミュニケーション戦略のあり方を提示したいと思います。

1. 広義・狭義のダイレクト・マーケティング

　ダイレクト・マーケティングを考察する際には、企業の営業業態としてのダイレクト・マーケティングと、マーケティング・コミュニケーションの構成要

素としてのダイレクト・マーケティングとに分類する必要があります。

　企業の営業業態としてのダイレクト・マーケティングは、ダイレクト・マーケティングの手段であるカタログ、テレマーケティング、テレビショッピング、ネット通販の営業業態を軸に、広告・販売促進・人的販売・PRなどのマーケティング・コミュニケーション・ミックスを活用することになるので、中間業者を介せず、直接に消費者あるいは顧客に情報伝達と取引活動を行う通信販売、訪問販売、ネット販売の営業業態の企業がその典型になります。

　一方、マーケティング・コミュニケーションの構成要素としてのダイレクト・マーケティングは、企業のコミュニケーション・プラットフォームとしての機能性による分類になるので、広告・販売促進・人的販売・PRと並んで、消費者とのコンタクト・ポイントを直接つなぐカタログ・電話・テレビ・ラジオ・ネットなどを活用する、顧客への直接販売を目的としたコミュニケーション・ツールになります。

　したがって、企業の営業業態としてのダイレクト・マーケティングを広義のダイレクト・マーケティングとし、マーケティング・コミュニケーションの構成要素としてのダイレクト・マーケティングは狭義のダイレクト・マーケティ

図表3-1　広義のダイレクト・マーケティングと狭義のダイレクト・マーケティング

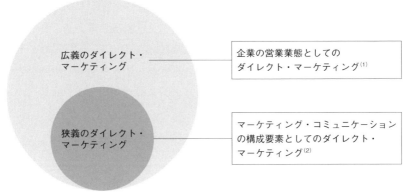

（出典）朴（2018b）「ダイレクト・マーケティングとマーケティング・コミュニケーション」

ングに区別する必要があります（図表3-1）。

　ダイレクト・マーケティングは、データベース・マーケティングやデジタル・マーケティングとの類似性が高く、混同されやすい点には留意が必要です。顧客のデータベースに基づき、顧客情報を分析してマーケティング戦略を生み出すのがデータベース・マーケティングであり、顧客のデータベースをもとに分析するなど、ダイレクト・マーケティングとの共通点が多く存在します。さらに、データベース・マーケティングは顧客情報を保持・分析するため、マーケティング戦略の策定を支援することができます。

　一方、ダイレクト・マーケティングは、データベースを使用してダイレクト・レスポンスを引き付けるために、顧客に対する直接のコミュニケーションと流通のチャネル機能に重点をおきます。

　デジタル・マーケティングとは、ダイレクト・マーケティングとは異なり、一般的に製品を製造するところから販売が終了する段階までを、デジタル・チャネルに基盤をおくマーケティングです。顧客のデータベースだけではなく、流通経路とコミュニケーション手段のデジタル化によって、従来型のマーケティングの障害要因だった空間と時間の限界を乗り越えることができるメリットとメディアのデジタル化によって、最も注目されているマーケティングの手法ともいえます。さらに、常に顧客と繋がっていることは、デジタル・マーケティングの出現前までは実現できなかったメリットであり、デジタル・マーケティングは、顧客との双方向性のコミュニケーションによって、新たな価値を生み出すマーケティングとしても評価されています。一方、デジタルを中心とするマーケティングには、デメリットも多く存在します。そのデメリットのほとんどは、データやテクノロジーの課題です。データやテクノロジーへの依存は一見使い勝手がとても良く見えますが、世界的にアマゾンのようにプラットフォーム系の巨大企業の寡占化が進んでいることからもわかるように、いわば諸刃の剣といえるでしょう。

2. ダイレクト・マーケティング・コミュニケーションとは何か

　ダイレクト・マーケティング・コミュニケーションとは、顧客にデータベースとさまざまなメディアを用いて、顧客エンゲージメントやブランドを構築し、直接販売するための総合的なコミュニケーション活動であると定義されます。この定義からすると、ダイレクト・マーケティング・コミュニケーションは、既存の「マーケティング・コミュニケーション」+「通信販売」+「関係性マーケティング」として考えることもできます。

　実務の世界では、通信販売とダイレクト・マーケティングという用語が混在していることが多いのが現状です。マーケティング・コミュニケーションの分野では、通信販売のコミュニケーション機能の重要性に注目し、ダイレクト・マーケティングを、広告、販売促進、PR、人的販売とともに、マーケティング・コミュニケーションの構成要素の1つとして捉えてきました。つまり、顧客関係維持やコミュニケーションの手法に注目するとき、ダイレクト・マーケティングという用語が使われてきたといえます。

　さらに、近年のインターネットを経由した通信販売の成長やメディアのデジタル化によって、ダイレクト・マーケティングを新たにマーケティング・コミュニケーション・ミックスに加えるほど、マーケティング・コミュニケーションにおける存在感を高めています。

　コミュニケーションは、人間対人間によるか否かによって、メディア・コミュニケーション（media communication）とヒューマン・コミュニケーション（human communication）とに分類されます。マーケティング・コミュニケーションの構成要素の中でも、広告・販売促進・イベント・PRが「マス・コミュニケーション（mass communication）」として、ダイレクト・マーケティング、クチコミ、人的販売が「人的コミュニケーション（personal communication）」として分類されます。ダイレクト・マーケティングを人的コミュニケーションと同一のカテゴリーとして捉えているのは、使用するメディアでは

なく、一人ひとりの顧客との関係性に重きがあるマーケティング・コミュニケーションであることを意味します。そのため、今日のようなデジタル化が進むにつれて、ダイレクト・マーケティング・コミュニケーションにおける「ヒューマン・コミュニケーション」の重要性は、さらに高まりつつあります。

　広告の長期的な目的がブランド・パーソナリティやイメージ構築であることに対し、ダイレクト・マーケティングは直接顧客の購買行動を刺激し、その場で購入につなげることから、プロモーション的要素が強いという指摘もありますが、ダイレクト・マーケティング・コミュニケーションの目標は、一回の購入で終わることではなく、顧客関係性、すなわち顧客エンゲージメントを構築することによる長期的な関係性です。

　顧客との相互作用の観点から考察すると、ダイレクト・マーケティングは広告やプロモーションよりは相互作用性が高いものの、人的販売には至りません。顧客カスタマイゼーションと顧客との相互作用性の関係を示したのが図表3-2です。

　ダイレクト・マーケティングでは、人的販売の弱点ともいわれてきた規模の拡大の困難さや、費用対効果の問題などを解決するために、顧客データ管理の

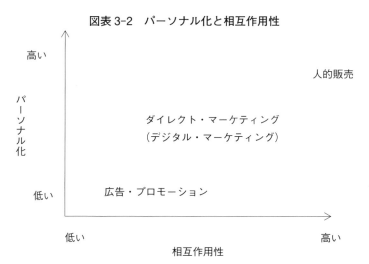

図表3-2　パーソナル化と相互作用性

（出典）Egan（2014）を基に筆者作成

テクノロジーやデジタル・コミュニケーションの手段を活用してきました。いわば人的販売にマス・カスタマイゼーションの手法を実現することによって、飛躍的に成長してきたと思います。

近年、ダイレクト・マーケティングがデジタル・マーケティングとほぼ同義で使用されるようになったのも、顧客名簿とその活用を基盤として成長してきたダイレクト・マーケティングが、デジタル革命、つまりデジタル情報通信のテクノロジーの浸透によって、顧客のデータを基盤として顧客との関係性を構築していくマーケティングの手法がより一般化したためでもあります。

3. ダイレクト・マーケティング・メディア

アメリカのダイレクト・マーケティングのメディアを考察してみよう。アメリカのDMAの調査によると、2015年のメディア利用の実態は、eメール（82%）、ダイレクト・メール（50%）、ソーシャルメディア広告（34%）、有料検索（30%）、オンライン・ディスプレイ（29%）、電話（17%）、モバイル（10%）です。プロモーション・キャンペーンにおける各メディアの使用状況をみると、eメールやダイレクト・メールの利用が多く、ソーシャルメディア広告も多くの企業で採用されています。一方、ダイレクト・メールや電話の減少だけではなく、有料検索（paid search）やオンライン・ディスプレイなどの減少も目立ち、同時にコミュニケーション手段のデジタル化も目立ちます。

さらに、顧客獲得費用（Cost Per Acquisition）からすると、インターネット・ディスプレイ（41～50ドル）、ソーシャルメディア（16～18ドル）、モバイル（16～18ドル）、有料検索（21～30ドル）、eメール（11～15ドル）、ダイレクト・メール（19ドル）となっています。また、メディア別のレスポンス率をみると、電話（9～10%）、モバイル（0.2%）、有料検索（0.1%）、インターネット・ディスプレイ（0.02%）、ソーシャルメディア（0.1%）、eメール（0.1%）、ダイレクト・メール（3.7%）です。

では、ダイレクト・マーケティングの各メディアの特徴はどうなっているのでしょうか。ダイレクト・マーケティングのメディア別に特性をまとめたのが

図表 3-3　各種メディアのメリットとデメリット

	メリット	デメリット
ダイレクト・メール、カタログ	・カスタマイズ化された情報提供によるクロスセリングやアップセリング	・印刷・製本・郵送などのコストがかかる
電話（コールセンター）	・顧客とのヒューマン・コミュニケーション	・顧客に不快感を与える恐れがある ・人的コストがかかる
モバイル	・利便性、コストの安さ	・顧客にわずらしさを感じさせる ・情報に継続性がない
雑誌	・丁寧な説明が可能 ・比較的に長く読まれる	・購読者が限定される
新聞	・丁寧な説明が可能	・掲載期間が短い
テレビ	・幅広い潜在顧客を獲得	・高い媒体コスト ・複雑な説明ができない

（出典）朴（2018b）「ダイレクト・マーケティングとマーケティング・コミュニケーション」

図表 3-3 です。

4. ヒューマン・コミュニケーション

　上記のようにメディアのデジタル化によって、むしろヒューマン・コミュニケーションを強化する重要性が浮上しています。デジタル時代のダイレクト・マーケティング・コミュニケーション戦略においても、デジタル・メディアやテクノロジーだけでは限界があり、ヒューマン・コミュニケーションを強化する必要性があります。そして、デジタル化できないヒューマン・コミュニケーションや顧客体験こそが、ダイレクト・マーケティング・コミュニケーション戦略における重要な差別化要素となります。デジタル時代のマーケティングでは、企業と顧客間のオンラインとオフラインの相互作用を結合し、機械対機械の連結を人間対人間の接触によって補完し、顧客エンゲージメントを強化する必要があります。デジタル・マーケティングは、伝統的なマーケティングを完

全に代替することはできないでしょう。伝統的なマーケティングはブランドの認知度を高めるには有効ですが、相互作用の進展によって、顧客と企業間により親密な関係を構築するには、デジタル・マーケティングの重要性が高まっています（Kotler et al., 2016）。伝統的なマーケティングとデジタル・マーケティングを併用する必要があることから、ダイレクト・マーケティング・コミュニケーション戦略も同様に、どのように既存メディアとデジタル・メディアを融合するかが課題となっています。その中で、メディアのデジタル化が進むに連れ、個々の顧客の嗜好に合わせたヒューマン・コミュニケーションが求められています。一人ひとりの顧客を相手とするヒューマン・コミュニケーションは、デジタル・コミュニケーションよりも、情報伝達のスピードや顧客1人当たりのコストはかかりますが、顧客への影響の強さや顧客が製品やサービスを理解しやすい状況を作り出すことができます。さらに、デジタル上では得られない、顧客からの直接的なフィードバックによって、顧客との双方向性のコミュニケーションを実現できます。

　ヒューマン・コミュニケーションの中心には顧客と従業員がいます。サービスを提供するうえでテクノロジーが多用されるようになると、顧客を満足させたり、競争相手と差別化したりするには、かえって従業員の接客態度がカギになってきます。満足した従業員は顧客を創造し、満足した顧客を通して従業員の職務満足は高められます（Zeithaml et al., 2007）。

　銀行の支店と従業員を対象とした調査から、サービスを強調する組織風土と従業員の福祉を強調する組織風土がサービス品質に対する顧客の全般的知覚と相関関係があることが示されています。さらに、アメリカのシアーズでは、顧客満足度が高い売場で働く従業員の離職率は54%だったのが、顧客満足度が低い売場は83%でした（Bowen et al., 1999；Schneider & Bowen, 1993）。

5. これからのダイレクト・マーケティング・コミュニケーション戦略

　本章では、デジタル時代のこれからのダイレクト・マーケティング・コミュ

ニケーションの現状と課題について検討しました。その結果、コミュニケーションの受け手である顧客視点からのメディア戦略がより求められていることが確認されました。さらに、メディアのデジタル化の中で、デジタル化できないヒューマン・コミュニケーションなどの重要性についても確認しました。すべてのメディアがデジタル化されても、あらゆるコミュニケーションの中心にはわれわれ人間がいます。そのため、デジタル・コミュニケーションだけではダイレクト・マーケティング・コミュニケーションは成り立ちません。人間が中心となるダイレクト・マーケティング・コミュニケーションは、テクノロジー、コミュニケーション手段、メディアの変化にも関わらず、その重要性は変わらないことでしょう。したがって、ダイレクト・マーケティング企業には、顧客視点からのより人間を中心としたコミュニケーションが求められています。

　これからのダイレクト・マーケティング・コミュニケーション戦略は、既存のコミュニケーション手法とデジタル・コミュニケーションを戦略的に統合または融合することによって、その目標が達成できると考えられます。それゆえ、これからのダイレクト・マーケティング・コミュニケーションの、デジタル時代における課題をまとめると、以下の通りです。

　第一に、ダイレクト・マーケティング・コミュニケーションの抜本的な見直しが必要とされています。従来型の通信販売の環境下で使用してきたコミュニケーション戦略と、デジタル・メディアを中心とする新たなメディア戦略をどのようにバランスよく活用できるかどうかが課題です。伝統的なマーケティングとデジタル・マーケティングを統合、または結合するマーケティング戦略の必要性があります。また、メディア戦略の観点からすると、コミュニケーションの目的に合わせ、従来型のメディアと新たなメディアを、ターゲット顧客の視点からマーケティング戦略の目的に合わせて活用する、メディア・ニュートラル的アプローチが必要です。

　第二に、シニア層を中心ターゲットとした現在のダイレクト・マーケティング企業のコミュニケーション戦略から、幅広い年齢層に適応できるデジタル・コミュニケーション手法を積極的に活用する必要性があります。現在の多くの

通販企業の課題は顧客平均年齢の高齢化です。その要因の1つは、従来のメディアを活用し、シニア層を中心とした新規顧客の獲得にフォーカスした戦略になっていたことにあります。デジタル時代のコミュニケーションでは、幅広い年齢層の新規顧客の獲得だけではなく、既存顧客の維持や管理にフォーカスした戦略も必要になっています。そのためには、既存のマーケティング・コミュニケーションの枠を超え、デジタルやCRMと融合した、新たなダイレクト・マーケティング・コミュニケーション戦略が求められています。デジタル時代のダイレクト・マーケティング・コミュニケーションは、ソーシャルCRMや社内外のデータなどを統合し、幅広い年齢層との関係性を構築したり強化したりする、新たなダイレクト・マーケティング・コミュニケーション戦略が求められています。

　第三に、これまでのプッシュ型のコミュニケーション戦略から、プル型のコミュニケーション戦略へと転換する必要性があります。既存の通販企業のような一方的な押しつけ型（プッシュ型）のコミュニケーション戦略だけではなく、顧客から接近してもらう（プル型）戦略が必要とされています。そのためには、企業独自の「コンテンツ」を活用したプル型のインバウンド・マーケティング[3]が、より効果的なコミュニケーション戦略となります。

　第四に、CRMなどの定量的なデータを基盤としたマーケティング・コミュニケーション戦略と、顧客と直接コンタクトをする従業員からの定性的な情報を融合したコミュニケーション戦略を、統合して実施する必要性があります。デジタル時代におけるダイレクト・マーケティング・コミュニケーション戦略は、企業内の従業員からの情報やソーシャルメディア上のデータを、蓄積・分析・管理する中で発展します。そのコミュニケーション活動の成果は、瞬時に売上やブランドに反映されたかどうかで測定できます。さらに、企業内外の二次データ[4]を統合的に分析し、予測することで、顧客エンゲージメントを高めることにもつながります。また、ダイレクト・マーケティング・コミュニケーションでは、これらのコミュニケーション活動のPDCA（plan-do-check-act）サイクルをできる限り早く回すことによって、顧客とのコミュニケーションを進化させることができます。

第五に、よりフレキシブルなコミュニケーション組織が必要になります。デジタル・マーケティングは既存のマーケティングとは異なり、新たなメディアの活用だけではなく、デジタル・メディア特有の性質から、機敏な対応や戦略の柔軟性が求められます。さらに、既存の宣伝部や広報部に限らず、企業を横断した調整やマネジメントの必要性もあります。そのため、組織をまたがるフレキシブルなコミュニケーションのマネジメントも求められます。さらに、従来のメディアとは異なる、新たなメディアに馴染まないマネジメント層の抵抗感や限界も予想されるため、社内のコミュニケーション関連部署の組織構造をどのように構築するかは、新たなデジタル環境下では最も重要な課題の1つになります。

（1）中間業者を介在させず、直接に消費者あるいは顧客に情報伝達と取引活動を行う通信販売、訪問販売、ネット販売がその典型である。
（2）マス広告、販売促進、人的販売、プロモーションと並ぶコミュニケーション・ツールとしてのダイレクト・マーケティング。
（3）顧客が企業のウェブサイトやコンテンツなどを見ることによって、当該企業の商品やブランドに関心を持つようにするマーケティング。
（4）企業内外ですでに収集されているデータ。

〈参考文献〉

柿尾正之・朴正洙（2018）「通信販売の歴史と日本における展開」三村優美子・朴正洙編著『成熟消費時代の生活者起点マーケティング』（105-124頁）千倉書房.

徳永豊（1990）『アメリカの流通業の歴史に学ぶ』中央経済社.

朴正洙（2016）「日本のダイレクト・マーケティングの現状と課題」『流通情報』522号, 36-47頁.

──（2018a）「ダイレクト・マーケティングと顧客関係性マネジメント」三村優美子・朴正洙編『成熟消費時代の生活者起点マーケティング』（59-81頁）千倉書房.

──（2018b）「ダイレクト・マーケティングとマーケティング・コミュニケーション」三村優美子・朴正洙編『成熟消費時代の生活者起点マーケティング』（83-103頁）千倉書房.

三村優美子・朴正洙（2015）「新市場開拓における通信販売の可能性：単品通販に注目して」『マーケティングジャーナル』日本マーケティング学会, 第35巻第1号, 50-65頁.

──・朴正洙編著（2018）『成熟消費時代の生活者起点マーケティング』千倉書房.

Bowen, D. E., Gilliland, S. W. & Folger, R. (1999) "HRM and service fairness: How being fair with employees spills over to customers," *Organizational Dynamics*, 27 (3), pp. 7-23.

Dhar, R. & Glazer, R. (2003) "Hedging Customers," *Harvard Business Review*, May.（池田葉子訳（2003）「顧客ポートフォリオの最適化ツールRALTV：顧客リスクをヘッジする法」『ダイヤモンド・ハーバード・ビジネス・レビュー』第28巻第7号, 90-99頁）

Egan, J. (2014) *Marketing Communication*, Sage.

Kotler, P., Karatajaya, H. and Iwan S. (2016) *Marketing 4.0: Moving from Traditional to Digital*, Wiley.（恩蔵直人監訳（2017）『コトラーのマーケティング4.0』朝日新聞出版）

Kumar, P. (1999) "The Impact of Long-Term Client Relationships on the Performance of Business Service Firms," *Journal of Service Research*, 2 (1), pp. 4-18.

Mick, D. G. & Fournier, S. (1998) "Paradoxes of Technology: Consumer Cognizance, Emotions, and Coping," *Journal of Consumer Research*, Vol. 25, pp. 123-143.

Prahalad, C. K. & Ramaswamy, V. (2001) "Co-opting Customer Competence," *Harvard Business Review on Customer Relationship Management*, Harvard Business School Press.

Peppers, D. & Rogers, M. (2017) *Managing Customer Experience and Relationship*, Wiley.

Reichheld, F. F. & Sasser, W. E. (1990) "Zero Defections: Quality Comes to Services," *Harvard Business Review*, Sep-Oct, pp. 105-111.

Ross, N. (1984) *A History of Direct Marketing*, Direct Marketing Association.（江尻弘訳（2005）「アメリカ・ダイレクト・マーケティングの歴史」日本ダイレクト・マーケティング学会）

Schneider, B. & Bowen, D. E. (1993) "The service organization: Human resources management is crucial," *Organizational Dynamics*, 21 (4), pp. 39-52.

Zeithaml, V. A., M. J. Bitner and D. D. Gremler (2007) *Service Marketing: Integrating Customer Focus Across the Firm 4th*, McGraw-Hill.

・第 1 部は、三村優美子・朴正洙編（2018）『成熟消費時代の生活者起点マーケティング』などを基に作成したものである。

第2部

ダイレクト・マーケティングの現状と動向

第4章
消費者社会の変化と通信販売

三村　優美子

1. はじめに

　これまでの講義を通して、いろいろなタイプの通信販売に触れてきたと思います。本日は、店舗販売と通信販売の関係や、それがどのように変化しているかを理解するために、皆さん自身の消費者としての視点や、消費社会の変化の視点から通信販売のあり方を考えてみたいと思います。それを考えていくために、4点お話ししたいことがあります。

　1つ目は、「モノからコトへ」をどのように考え理解するかであり、現代の消費社会をどのように捉えるかということです。

　2つ目は、ネット化が変える流通と店舗小売業のあり方です。アマゾンの台頭によって多くの書店は、その影響を受け、なくなってしまいました。しかし、その一方で、代官山や銀座などでは、カフェと融合されたハイセンスな書店が人々の人気を集めています。このようにネット化が進めば進むだけ、逆にそれに刺激されて新しい世界や価値観が生み出されているのです。

　3つ目は、通信販売の3つの視点についてです（図表4-2）。ここでは通信販売を、①買い物の不便さに対応する販売手法、②顧客データベースを起点としたマーケティング手法、そして③顧客との出会いの場とコミュニケーションの仕組みという3つの視点から捉えています。

　そして、4つ目は、人と人をつなぐ場とコミュニケーションの重要性です。

　キーワードは、「モノからコトへ」ということをよく覚えていてください。現在では、人と人のつながりは非常に大きな意味を持っており、バーチャルな

空間でのつながりとともに、よりヒューマンなつながりというものも同時に重要視されています。それに伴って、ネット上の「いいね」やコメントのやりとりだけでなく、友人との直接的な会話や対話の重要性についても説明します。

2. 日本の消費社会の変化をどのように理解するか

長い時間を経て、日本の消費社会は変化してきました。例えば、渋谷だけに焦点を絞ってみても、西武百貨店やパルコが輝いていた時代の渋谷、109（イチマルキュー）や東急文化村などが登場した時代の渋谷、ヤング化が進み渋谷駅前のスクランブル交差点の賑わいが世界的に知られるようになった渋谷、さらに渋谷駅の再開発が進みヒカリエなど新しい商業施設が増えている現在と、過去と現在が混在していることがわかります。日本の消費社会が時代とともにどのように変化してきたか、ということを理解するために、三浦展さんのご著書（『第四の消費―つながりを生み出す社会へ』2012年、朝日新聞出版）を参考にして考えてみたいと思います（図表4-1）。

まず、第一の消費社会です。第一の消費社会は、1921年から1941年頃を指します。三越百貨店や髙島屋などの有名百貨店が日本橋や銀座など大都市中心部に誕生し、華やかでモダンな消費文化が花開きました。この時代は、都市の

図表4-1　日本の消費社会の変化をどう理解するか

- ●第一の消費社会（1921～1941年）＝大都市中心の消費
  （百貨店の誕生、都市の消費文化、店舗は劇場）
- ●第二の消費社会（1945～1974年）＝高度成長と大衆消費社会
  （総合スーパー、日常生活のゆたかさ）
- ●第三の消費社会（1975～2004年）＝安定成長、多様性、成熟
  2つの流れが混在
  1980年代＝ポストモダン消費（物語としての消費）
  　（まちづくり、空間・時間消費、江戸の再発見、北斎、秘湯など）
  1990年代＝超モダン・デフレ消費、価格破壊、利便性、効率
  　（モノへの回帰、コモディティ化、物語を失った消費）
  　（千と千尋のジブリの世界？）

中間層を中心にした大都市中心の消費社会だったといえます。華麗な内装とカフェやギャラリーなどを備えた百貨店は、ハレの日の消費を代表するものであり、"店舗は劇場"であったのです。今の日本橋エリアの再開発にはこの時代の華やかさを取り戻そうという意図があります。

　次に、第二の消費社会です。第二の消費社会は、1945年から1974年頃を指しています。まさに戦後の高度成長期の一般大衆の消費が急拡大した時代です。このとき、ダイエーやイトーヨーカドー、ジャスコなどの総合スーパーが台頭しました。総合的品揃えで価格も手頃な総合スーパーの成長によって、人々の日常生活は豊かになりました。家電製品を中心とした耐久消費財の普及も進んでいます。この時代は、典型的な大衆消費社会であったといえます。

　続いて、第三の消費社会です。第三の消費社会は、1975年から2004年頃を指しています。ただし、私は、この時代には2つの流れが混在していると考えています。まず1つ目の流れですが、それは、1980年代のポストモダン消費の時代ということです。これは、経済的豊かさだけでは満足できなくなり、感覚的・情緒的な要素を楽しむ傾向が生まれた時代です。感性消費という言葉が使われました。物語としての消費ということもできます。

　渋谷がおしゃれなまちとして注目されたのはこの時代です。渋谷の公園通りやパルコ、ロフトなどが注目され、スペイン坂という表現に象徴されるように少しヨーロッパ的な街づくりが試みられました。渋谷と連動して原宿がファッションの発信地となり、DCブランドが花開いたのです。さらに、日本橋、浅草、神楽坂などの江戸のまちの再発見が進み、物語を連想できる場所を訪れ、雰囲気やまち歩きを楽しむ新しい消費スタイル（時間消費・空間消費）が広がっていました。湯布院や小布施などの美しいまちが注目され、日本の秘湯をめぐる旅なども人気になっていました。これは、非合理的な消費であり、「コトの消費」の時代が到来したのです。しかし、1991年のバブル崩壊を機に時代の雰囲気は一変しました。第三の消費社会の中の2つ目の流れが生まれたのです。それは、1990年代のグローバル化や価格破壊に象徴される超モダン・デフレ消費です。これは、物語を失った消費といってよいでしょう。この時代は、都市の中心部が空洞化し、まちなかが荒れ始めた時代でした。商店街が衰

退するとともに、郊外のロードサイドを中心に徹底的な安さや効率を追求する店舗が大量に登場し、人々は、より安く、便利なものを求めるようになりました。ユニクロ、ザラなどのファーストファッションが全盛を迎えた時代でもあります。まさにモノへの回帰が起こったといえます。つまり、第三の消費社会においては、「コトの消費」と「モノの消費」の2つの流れが混在していたのです。

　それでは、今の消費社会はどのように捉えるべきでしょうか。三浦展さんは、地域社会の繋がりや、仲間、自然との共生という価値観が非常に強くなってきた現在を、"第四の消費"と表現しています。世界的には2008年のリーマンショック、日本では2011年の東日本大震災が大きな転機となったといわれています。日本では、1995年の阪神・淡路大震災においてボランティア活動が本格的に開始されましたが、特に2011年3月の東日本大震災を契機に、「みんなで助け合っていこう」という気運が強くなっています。また、自分だけが所有しているのではなく、仲間でシェアする方が楽しい。つまり、私有から共有へという新しい価値観が生まれ、有名ブランドを自慢するブランド志向が薄れ、手作りや本物を大切にするこだわり志向へと移っています。つまり、第四の消費社会では、モノからコトへという流れが改めて強くなり、さらに地域社会やまち、人と人とのつながりを重視する傾向が強まっているのです。

3. 現在の消費社会をどのように捉えるか

　ただし、現在においても、先の第三の消費の時代と同じようにさまざまな価値観が混在しています。それは、合理的消費と非合理的消費の混在ということです。まず、合理的消費とは、必要性の消費であり、超モダン消費です。モノの価値や利便性を重視し、理屈でよくわかるもの、外見的に判断可能なものの消費と言えるでしょう。属性の客観的な比較によって商品の選択が行われ、価格志向は強まります。一方で、非合理的消費は、楽しさの消費や文化的消費、経験消費と呼ばれています。これは、サービスや経験など目に見えない無形の価値を重視する消費です。

たとえば、ドトールとスターバックスを比較するとこの違いはよく分かります。この2社の本質的な違いは、雰囲気や顧客の時間の使い方にあります。ドトールは、たとえばビジネスマンが営業活動中のわずかな時間にコーヒーを飲み休憩するというニーズに対応しています。便利な立地にあり価格も手ごろです。パンなどの軽食も取れますがそこに長く滞在することはありません。コーヒーの専門商社からスタートしていますので味はよいのですが、基本的に飲み物や食べ物（モノ）への消費です。一方で、スターバックスは、価格を高めに設定していますが、そこで読書したりパソコンで仕事をする場所となる居心地のよい空間を提供しています。つまり、スターバックスは、空間で過ごす時間（コト）の消費を前提しているのです。近年、ドトールは、本格的なコーヒーを提供するフルサービスの業態（カフェレクセル）やこだわりの本とカフェを融合した茶房（梟書茶房）などを展開しています。それは、カフェに対する消費者の価値観の大きな変化を踏まえてのことですが、これらはより本格的な経験消費への対応といえます。コンビニエンスストアで100円コーヒーを手軽に利用できるようになると、その逆に深いこだわりのカフェへのニーズが刺激されるのは興味深いことといえます。このようにカフェを選択する際にも、合理的消費と非合理的消費の2つの流れがあるのです。

4. ネット通販と店舗小売業の闘い

　日本ではまだそれほどの影響は見られませんが、近年、アメリカ社会では、急激にネット通販が成長し、店舗小売業の在り方に大きな影響を与えています。特にアマゾンが非常に大きな力を持っており、店舗に人が来なくなるという現象が起こっています。アメリカの老舗百貨店の経営不振、郊外のショッピングモールではテナントが撤退し、空洞化が生じています。また、玩具専門店のトイザらスや有力書店バーンズ＆ノーブルのような大型小売業もネット通販に敗れてしまうといったことが起こっています。それは、ネット通販は、商品の探索が容易で比較可能であること、店舗小売業と比べて店員や店頭在庫不要など低コストで低価格であること、注文から配達の時間が短縮されて便利であ

ることが理由です。さらに、アマゾンは、ネット販売には不向きであると思われていた生鮮食品分野にまで進出し、事業を拡大しています。ネット通販を通して蓄積された顧客データ量と分析力の強さを考えるならば、店舗小売業はネット通販に太刀打ちできず、「店舗小売業はもう必要ない」と主張する人がいるのは当然といえるかもしれません。しかし、本当に店舗小売業は必要ないのでしょうか。

　ネット通販の流通に対する影響は多面的です。ネット通販が台頭すると店舗小売業はマイナスの影響を受けますが、一方で、それが店舗小売業の存在価値を見直す契機ともなっているのです。

　消費者は、簡単、便利、価格の安さを求めています。買い物行動は苦痛であり、できるだけ簡単に済ませたいとのニーズがあります。しかし、一方で、好奇心を刺激し、楽しく思い出になることに反応する面があります。買い物行動も楽しい時間であれば苦にはなりません。ネット通販は、基本的に簡単・便利・速さのニーズを満たすものであり、究極の合理的消費に対応するものです。したがって、ネット通販が成長すればするほど、逆の非合理的消費への希求が強まる可能性があります。アマゾンのようにすべてネットの中で完結する世界、店舗を不要化する世界で満足できるかどうか（アマゾンも一部店舗販売を開始していますが、あくまで主軸はネットです）。果たしてどうなのでしょうか。

　これは、販売方法の面とコミュニケーションの面の2点から検討すべきです。

　第一は、販売の方法の効率性に関するものです。ネット通販は、サイトで注文、決済、配達を行います。つまり、従来のように店舗に行って、商品を探して、なかったら取り寄せてもらうことを考えれば、クリック1つで、翌日の朝、ときには本日中に商品を届けてもらえるようになりました。ネットは巨大なバーチャルな販売の場であり、何百万ものアイテムの中から検索できて、クリック1つで注文と決済ができ、商品を自宅に届けてくれる。さらに返品可能となるとこれほど便利な買い物はありません。

　第二は、対話、会話、コミュニケーションの有効性に関するものです。例えば、友達とお茶をしながら情報を交換する。これは、フェイストゥーフェイスの対話であり、相手の表情を見ながら行われる情報伝達です。あるいは店舗で

店員と仲良くなりいろいろアドバイスをしてもらうとか、同じ趣味の人が売場で交流することもあります。ネットの持つ発信力や情報伝達力は、非常に強いものです。しかし、人を通したコミュニケーションは、重層的、多元的であり、思いがけない発見があり、感情を伴った深い情報伝達が可能です。

販売方法ではその効率性においてネット販売に圧倒される店舗小売業も、売り場をコミュニケーションの場と捉えるならば、むしろその強さが見えてくるのです。

もともと書店は情報の宝庫です。日本でも、アメリカのように、アマゾンの登場によりまちの書店がなくなる可能性があります。書籍離れも関係していますが、同じ本を買うのならば、早くて簡単で便利なネット販売には敵わないでしょう。アメリカの大型書籍店バーンズ＆ノーブルは、書籍売り場にカフェコーナーを導入したことで有名ですが、アマゾンの影響を強く受けて業績は不振です。売場スペースの制約からどれほど大規模な店舗を作っても品揃えに限界があります。一方、アマゾンは倉庫に在庫を集中させ独自の物流サービスにより品揃えの問題は全くなく、また検索が容易であり、購買履歴に基づく推奨機能も備えています。一般の本屋が、本を並べるだけの"倉庫"のような存在になったとき、アマゾンに敗れたといえます。

しかし、書店はなくならないという見方もあります。第四の消費社会のあり方を考えたとき、そして売り場を販売の場ではなくコミュニケーションの場として捉えたとき、情報の宝庫としての書店の新しい可能性が見えてくるからです。オレゴン州のポートランドは、アメリカで一番住みやすい街とされています。まちの中心部では、古い建物をリニューアルし、さまざまな芸術家の活動の場所となっています。自然、文化、食の楽しめる創造都市として有名です。そのポートランドの1つの象徴になっているのがパウエルズ・シティ・オブ・ブックスです。これは世界最大級の独立系本屋であり、新刊本、ファッション本、アート本、中古本といった約100万冊の本がジャンルを超えてランダムに並んでいて、迷路の中で本を探しているような楽しさを感じることができます。遊びの空間、時間を過ごす楽しさが魅力的です。このような独立系の書店は全米で人気を集めていますが、日本でもこのような書店が出てくる可能性は

十分にあります。ここは、本を買いに行くのではなく、本の世界に会いに行くといった方が適切です。ネット通販が隆盛になると、かえってこのような深い経験価値を提供する店舗小売業が浮上するというのは興味深いことです。

5. 無店舗販売の3つの視点

このように、第四の消費社会においては、効率性、合理性、安さ、利便性とは別の価値観に依拠する企業が浮上してくる可能性があります。同じ観点から通信販売のあり方をどのようにみることができるでしょうか。販売を前提として無店舗販売を捉えるとその本質が見えなくなるように思います。店舗か無店舗かは本質的な要素ではなく、その情報伝達のあり方を検討することが重要です。

ここでは、通信販売を、消費者の"買い物の不便さ"に応える販売方法として、顧客データベースを起点としたマーケティングの仕組み（ダイレクトマーケティング）として、そして出会いの場とコミュニケーションの組合せという3つの視点から捉えています（図表4-2）。

図表4-2　通信販売の3つの視点

①通信販売業（無店舗販売）
　メディアの特性を生かす
　（カタログ、DM、新聞・雑誌広告、テレビ広告、ネット）
　　＊立地や時間の不便さ、店の品揃えの不便さを克服
　　＊需要の少ない珍しい商品の入手
②顧客データベース・マーケティング
　　顧客との直接的なやりとり（購買データの蓄積・分析）
　　　＊個別の顧客ニーズへの対応、調整
　　　＊需要予測精度の高さ（効率的な生産と販売）
③顧客との出会いの場とコミュニケーション
　　場＝売り場、カタログ、広告、Webサイト、ショールーム
　　コミュニケーション＝説明、問い合わせ、アフターサービス
　　　＊こだわりの商品を使い続ける顧客のための仕組み

①**通信販売業（無店舗販売）**

　19世紀末、アメリカで通信販売が成長したのは、基本的に店舗が人口比で少なかったからです。近くに店舗がないため総合カタログやダイレクトメールを利用して商品を手に入れる必要がありました。日本は人口比で店舗が多くある中で通信販売が成長した理由は、買う人が少ない商品、販売時期が限られる商品、店舗小売業にとって（スペースの制約もあり）非効率で取り扱いしにくい商品の販売の場としての道を進んだからです。また、通常店舗で買い物がしにくい顧客層（夜間勤務者、子育て中の母親、在宅介護者など）に焦点を合せて仕組みを作ってきたところに特徴があります。通信販売は、"消費者の買い物の不便さ"に応える販売方法ですが、店舗数の絶対的な少なさに対応して成長したアメリカの通信販売に対して、特定分野や特定顧客層における買い物の相対的不便さに対応して成長した日本の通信販売の鋭さということができます。

②**顧客データベース・マーケティング**

　通信販売の特徴は、顧客との直接的なやり取りを通じて顧客データが蓄積することです。顧客データの蓄積と分析により、販売予測、商品開発、広告や販売促進の計画、在庫と配送の一連の仕組み（システム）が構築されました。通信販売は、伝統のある販売方法ですが、この顧客データの蓄積・分析の側面から、極めて現代的な顧客起点マーケティングへと発展してきたのです。通信販売にマーケティング的な可能性をみるのはこのためです。

③**顧客との出会いの場とコミュニケーション**

　売り場、カタログ、テレビ広告、Webサイト、ショールームなど、顧客との接点を多様に設定できるのが通信販売の特徴でもあります。それぞれの接点には特性があり、どのような場であるのか、どこで出会うのか、どこでその商品の意味や価値を深く知ることができるのかを検討することが重要です。説明、問い合わせ、アフターサービスにどのように対応するのか、コミュニケーション・ミックスの観点から組合せ、発見と出会いの場を提供することとができるのです。

6. こだわりの商品の販売経路としての可能性

　日本における通信販売は、"相対的な買い物の不便さ"に応える販売方法であると説明しました。特定顧客のニーズを深堀りすることが前提であり、その意味で単なる販売方法ではなく、マーケティング的要素が組み込まれています。つまり、通信販売は"こだわりの商品"あるいは"特定の顧客ニーズに対応した商品"の市場開拓と販売に適していると考えることができるのです。

　では、どのような商品が向いているのでしょうか。1つ目は、特定のニーズに対応した特徴の明確な商品で、買う人は少数ですが強く支持されているのであればよい商品であると言えます。競技人口の少ないスポーツ種目の用具などが該当します。プロ仕様の工具や材料などもあります。2つ目は、作り手の"思い"や苦労が込められた、大量生産品ではない知る人ぞ知るクラフト商品、伝統工芸品や農産物加工品などです。クチコミ、評判、百貨店や専門店の売り場、イベント会場などの「場」を通じて情報が伝わるのです。3つ目は、消費者の不安や悩みに応え問題解決に貢献する商品、長期に使い続けることで価値が生まれる商品です。この商品はサポートを行う必要があり、コミュニケーションをし続けていくことで、安心して使ってもらうことができます。情報伝達の経路としての通信販売の特性が生かされることになります。これには、サプリメント、基礎化粧品、介護用品などが該当します。

　合理的で効率的なネット販売の世界が広がる一方で、出会いと交流の場の世界も必要と思います。楽しさ、面白さや好奇心で溢れる世界を提供できるならば、安さと利便性を超える力になります。これが"モノからコトへ"が意味するものです。モノ発想から脱皮することで発想がゆたかになり、全体として物語を紡ぐ力が生まれてきます。作り手の気持ちをどう想像するか考えてみるとよいでしょう。ただし、この場合、無店舗か店舗かとの区分けは意味ないと思います。店舗小売業でも、出会いの場とコミュニケーションの組合せを重視して、ネットをコミュニケーション・ミックスの一部に組み込むことは可能です。また、ネット系でない通信販売も同様な視点から、店舗、ショールーム、

webサイトを柔軟に組み合わせることが可能です。ただし、その中心に"こだわりのいい商品"があることが前提です。その価値をどのように伝え、どこで出会い経験してもらえるのか、深く繋がりを構築してもらえるのかさまざまな取り組みが広がっています。

考えてみて下さい
問1. モノからコトへとはどのようなことを意味しているのでしょうか？
問2. アマゾンが書籍流通を席巻する一方でなぜ新しい書店の台頭があるのでしょうか？（切り口はどう違うのでしょうか）
問3. 顧客との出会いの場を大切にしている通販企業はありますか。

第5章
流通の歴史と今後

宮島　和美

1. 流通の歴史

　戦後日本の商業は、企業ではなく、闇市やパパママストアと呼ばれる家業が主でした。当時の商業界の礎を築き、戦後の流通において理論的指導者の役割を果たした人物として、倉本長治氏と喜多村実氏の2人が挙げられます。倉本氏は、戦前戦後を通じて商業指導に尽力し、「店は客のためにある」という商人哲学を遺しました。喜多村氏は、商業家たちに「流通とは何か」や簿記、会計を教え、経営コンサルタントとして商業の近代化に努めました。2人の意思を継ぎ、渥美俊一氏と船井幸雄氏はさらに近代化を進めました。

　アメリカのチェーンストアに興味を持っていた渥美氏は、1962年にチェーンストアの経営研究団体、ペガサスクラブを設立しました。設立当初の主なメンバーは、ダイエーの中内㓛氏、イトーヨーカドーの伊藤雅俊氏、ジャスコの岡田卓也氏など、30代の若手経営者が中心でした。渥美氏はメンバーの経営者を率いて、草創期にあった戦後日本を代表する多くのチェーンストア企業を指導しました。そして、1967年8月、ペガサスクラブ・渥美氏の主導により、日本チェーンストア協会が誕生しました。チェーンストアの地位向上を目標に、流通革命による「消費者主権の確立」と「豊かな生活の実現」を目指しました。2018年9月現在、チェーン大手の8割以上がペガサスクラブに加入し、502社が日本チェーンストア協会に加盟しています。

2. 食品スーパーの課題

　現在、リアル店舗は、ネット販売の勢いに押されています。特に、スーパーは構造的不況業態になっています。

　原因の一点目は、絶対的需要減です。少子高齢化の日本の将来推計人口は、2030年には1億1,600万人あまりに減少し、日本の高齢者人口の推移と全体に占める割合予測によると、2025年には高齢者は3,500万人を超え、全人口の28.7％を占めるだろうとされています。単純に人が減れば食品はその分売れなくなります。少子高齢化が進むにつれ募る所得や家計の負担などの将来への不安から、消費にお金が回らなくなっていくことも懸念されています。過疎化も問題です。高齢者ばかりでは、採算がとれず店舗はその地から撤退せざるを得ません。これにより買い物難民が増加していきます。これらの人口動態変化と購買力の低下が総合して、食品スーパーの不況につながっていきます。

　二点目は、相対的需要減です。購入手段の多様化や異業種・業態のボーダレス化など、競争環境の多様化が大きく関係しています。主な要因は、ネット通販やコンビニエンスストア、食品や日用品まで展開するドラッグストアを日常的に利用する人の増加です。

　このように、スーパーは食品販売だけでは競争できない時代になっています。

3. 今後のチェーンストア産業の変遷

　モノが不足していた1960～90年代は、不特定多数の消費者「コンシューマー」にモノを多く売っていけば業績は上げられました。1990～2010年代は、モノが充足し、顧客「カスタマー」のために安全や品質、情報量の豊富さで信頼性を高め、他社との差別化をする時代になりました。2010年以降と今後は、企業や商品の熱烈な支持者「ファン」、「サポーター」を摑まないと、モノを売る企業は生き残っていけないと言われています。顧客に十分なサービスをして

も、顧客が受ける感動度が高くなければ十分とは言えません。これからは顧客に手間をかけさせないことが非常に重要になっていきます。

4. Eコマース市場の拡大

2010年は7.7兆円だったEコマース市場は、2017年には16.5兆円と2倍以上に伸長しています。EC化率も伸び続けており、2017年には前年比5.79%増となお拡大を続けています（図表5-1）。

Eコマースによる影響は大きく、老舗企業が倒産または倒産に追い込まれています。アメリカでは、2018年10月、小売シアーズが破綻しました。多種の廉価商品を扱いGMSの先駆けとなったシアーズですが、時代に乗り遅れ、顧客のニーズに応えることができなかったため、衰退の一途を辿ることとなりま

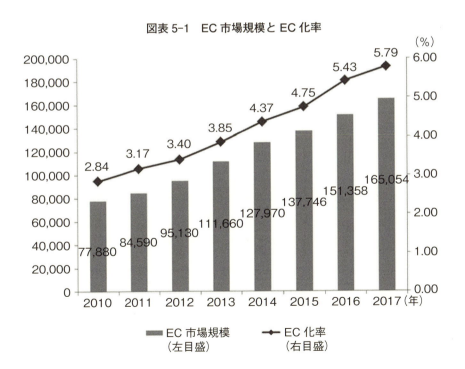

図表5-1　EC市場規模とEC化率

した。

　アメリカの小売業の衰退要因として、オンラインショッピングの普及による消費スタイルの変化、ショッピングモールの出店過多、モノよりコト消費が挙げられます。以上の変化は日本でも同じように起きています。どんな企業でも、時代に取り残され、顧客のニーズを捉えることができなくなると、衰退していきます。

5. 中国のECについて

　中国では、スマートフォン決済が主流です。個人間でも即やりとりが可能なAlipayやWeChatPayのいずれかで、ほぼすべてを支払っています。特に、中国のEコマース企業Alibaba Group運営のECサイト、アリババのユーザー数は7億人に達し、流通額は2015年の53兆円から2017年には84兆円と急激に成長しています。アリババでは、決済額に応じてユーザーはランク分けされ、スコアに応じた特典も付与されます。スコアが上がれば上がるほど貸出限度額増大、金利の優遇、為替ルート優遇などの特典が得られます。これらは実生活の利便性を大きく左右し、Alipayと提携している一部の国へのビザの審査の簡易化など、公的な信用証明にも拡大しています。

　中国のインターネット利用状況を見ると、国民の半数以上がネットを利用し、そのほとんどがスマートフォンでネットに接続しています。ネット通信網は農村部の8割以上をカバーし、9割以上でネット通販の宅配拠点を確立させています。中国人は債務不履行になることを懸念し、クレジットカードをほとんどの人が持っておらず使用しません。本来はクレジットカードが普及しないとECは発達しませんが、このようなスマートフォン決済が普及することで、中国ではECが普及しました。

　このスピード感の差から生じる影響は、日本へ入国する中国人観光客数に表れています。2017年の日本への中国人観光客数は735万人と最多でしたが、中国人の総人口を見ると、僅か約5％しか日本に訪れていないのです。海外からの観光客のインバウンド売り上げは、観光土産や越境EC、並行輸入などさ

まざまです。特に、中国人によるインバウンドは2兆円規模とされています。規制が厳しい日本では実現は難しいですが、Alipayを導入している国のように入国の手続きをより簡素化すれば、中国人観光客数とインバウンドともに増加するのではないかと考えます。

チェーンストアの不況やAmazonの躍進が続き、少子高齢化を控えた日本でも、中国に見られたようなネット通販の成長の可能性があります。Amazonの日本国内売上は、約6兆円の通販市場全体の20％超を占めています。また、倉庫を主要道路沿いに国内13カ所に集約するなど、日本のネット通販をリードしています。加えて、アリババが生鮮スーパー等のリアル店舗も展開しているように、日本でも今後はECとリアル店舗の融合は非常に重要であると考えられます。

6. 宅配問題

ヤマト運輸による宅配の値上げ宣告が大きなニュースになったのは、記憶に新しいと思います。これにより、通販会社の事業の根幹である"宅配を外注すること"の弱みが露呈してしまいました。当時、ヤマト運輸が取り扱っている荷物の内、約17％がAmazonによるものでした。通販業界の宅配委託先はヤマト運輸、佐川急便、日本郵便の大手3社で独占状態でしたが、2013年には佐川急便がAmazonから撤退しました。そしてとうとう、ヤマト運輸の現場がパンクしてしまいます。対策として、ヤマト運輸は1個あたりの配送料を20〜100％値上げを通告しました。交渉は不可で、他社への乗り換えは実質不可能、受け入れなければ契約解除という、通販会社にとってとても厳しい通告でした。日本郵便も同じタイミングで値上げをしています。この一方的な通告により、通販会社と宅配会社の関係が大きく悪化してしまいました。もちろん通販会社は、この状況をやすやすと看過することはできないため、送料が無料となる金額のアップや会員限定の無料配送サービスといった打開策を展開していきました。単純に配送料を値上げすると消費者に対する負担が増加してしまうからです。

このように、通販会社と宅配会社は対立してしまいました。しかし、両者に必要なのは協力関係を築くことであり、お互いにとって利益を生み出す関係でなければなりません。現在、ヤマト運輸はネコサポステーションという生活支援サービス拠点をテスト展開中です。ファンケルはそこでウォーキングセミナーや健康セミナーなどを開講し、両社が協力し合い、互いが持つリソース・ノウハウを活用したサービスを提供しています。

7. 会社概要

ファンケルは、1980年4月に創業しました。今年で39年を迎えます。現在の資本金は107億9,500万円です。主な事業内容として、無添加化粧品事業、健康食品事業を展開しています。従業員数は、1,411名、契約・パート社員を含めると3,581名になります。本社の男女の比率は男性4割、女性6割、女性管理職の比率が45％、役員においては20％で、女性が活躍する企業として評価されており、2015年には「女性が輝く企業」に選定され、内閣特命担当大臣賞を頂いています。

8. 化粧品事業の歴史と現在

1970年代後半、化粧品に含まれる防腐剤による肌トラブルが大きな社会問題となりました。当社の創業者の池森賢二は女性が美しくなるための化粧品で、肌トラブルが起こることへ義憤を感じ、正義感から肌に負担となる成分を含まない「無添加化粧品」を生み出しました。無添加化粧品は、防腐剤を含まないため、傷みやすいことが課題でしたが、傷む前に使い切れる5mlのバイヤル瓶に入れて、製造後にすぐに通信販売を直接お届けすることで課題をクリアしました。一方で、お客様にも、きちんと一週間で使い切っていただくという「約束のマーケティング」を展開しました。

その後、技術革新を通じて、無添加化粧品の容量は、30mlまで増えています。しかし、5mlから10mlにするのに13年間、さらに10mlから30mlに

増やすまでには、7年間かかっています。現在では、安心・安全だけの"無添加"ではなく、確かな研究力と技術で、機能性を含めた「無添加サイエンス」を進化させています。

パーソナル美容液のスキンソリューションや、マチュア世代の大人の肌向けのケアの「ビューティブーケ」などがその例です。

9. 健康食品事業の歴史と現在

健康食品事業をスタートしたのは1994年です。当時は、健康食品は高い値段で売られており、ローヤルゼリーは、数万円で販売されているものもありました。

一方で池森が米国市場を視察に行くと、スーパーでは日本に比べて、大幅に安い価格でサプリメントが販売され、日常的な商材となっていました。

これにヒントを得て「健康食品の価格破壊」を掲げて、事業をスタートしました。また健康食品という名称には、胡散臭いイメージがあったことから、「サプリメント」という呼び方を意識的に使って、世に広めていきました。

健康食品は、1971（昭和46）年に当時の厚生省から「無承認無許可医薬品の指導取締りについて」（通称「四六通知」）が出されて、効果効能や機能性の表示が禁止されました。

しかし、2013年6月に安倍晋三総理大臣が講演で「健康食品の機能性表示を解禁いたします」と規制緩和の方針を打ち出しました。この方針に基づき、2015年4月に科学的根拠があるものは届出によって機能性をうたえる「機能性表示食品制度」が発足しました。現在ファンケルでは、21品目の機能性表示食品を販売しています。目のピントを調整する「えんきん」は、機能性表示食品となる前は、年間の売上8億円でしたが、分かりやすい表示とテレビCMの効果で、初年度35億円へと売上を伸ばしました。お客様には、情報を知る権利があり、製品の情報をきちんと提供することが重要だと思います。

10. マルチチャネルへの展開

　ファンケルは、2018年度、全チャネルで年間1,220億円の売上見込みです。主要チャネル毎の内訳は通販473億円、直営店舗429億円、流通213億円です。マルチチャネル展開で、いつでも・誰でも・どこでも購入可能な環境になっています。現在は、中国人観光客向けに、空港免税店への拡大を図っています。中国では、メイドインジャパンが好まれ、無添加化粧品においては日本の技術が高く評価されています。一方で、中国では偽物も出回っており、この対策として同業者ともミーティングを行い、対策を講じています。

　また、ファンケルは、研究・生産・物流・販売まで、自社内で展開する製販一貫体制をとっています。SPA（製造小売業）であることは当社の強みです。

11. 通信販売の市場と歴史

　国内通販市場は、2008年のリーマンショックや2011年の東日本大震災の被害にもかかわらず、17年連続で増加しています。通信販売は、小売業全体の5％を占めており、百貨店と同規模まで成長しています。このことからも、現代の生活に不可欠なチャネルになっていると言っていいでしょう。

　近代の通信販売は西部開拓時代にアメリカのモンゴメリー社とシアーズローバック社の2社から始まりました。当時、国土が広大なアメリカでは、都市部と農村部との大幅な価格差や、農村部の日用品不足が問題視されていました。同時期に、郵便が整備され、鉄道が敷かれて物流網が整備されたことを契機に、物が届けられるようになって通信販売が誕生、発展しました。場所によってバラバラだった価格も、統一価格を決めることによって価格差の問題は解決しました。また、通信販売により、農村部の日用品不足も解決したのです。シアーズのカタログは、「消費者の聖書」とも呼ばれていました。シアーズローバック社は、1973年時点で世界一の小売業でした。「すべてシアーズに学べ」と日本のチェーンストアの創業者や社長が口を揃えて言うように、シアーズは

大きな目標でした。

　日本の通信販売は、明治8（1975）年に津田仙がアメリカ産のトウモロコシの種を郵便で販売したことから始まりました。日本もアメリカと同様に、郵便事業が誕生したことを契機としています。1980年代には、セシールやニッセンのような衣料品総合通販や、高島屋、三越などの百貨店通販が始まりました。続いて、1990年代には、ファンケルやサントリー、DHCなどの単品通販が誕生しました。その後の2000年代には、QVCジャパン、ジャパネットたかたなどのテレビ通販や、ネット通販が誕生しました。それから昨今では、アマゾンや楽天、ゾゾタウンといった大手ECサイトが人気を集め、市場の中心となっています。

12. 通信販売の弱みと強み

　通信販売の強みは、低コストでのオペレーション、価格競争力の高さ、最新の商品を販売できること、独自の名簿でリピート購入を起こしやすいことなどが挙げられます。

　反対に通信販売の弱みは、宅配の問題のように外注の都合に左右されてしまうということ、オリジナル商品が少なく真似されやすいこと、個人情報漏洩などの問題による被害が大きいことなどが挙げられます。

　時代を制した大企業にも、強みと弱みが必ず存在します。どのような企業も、時代の流れにどう対応するかが重要なポイントです。例えば、大手電機メーカーや大手化粧品メーカーは、全国津々浦々に独自チェーンや販売網を持っていました。しかし、ドラッグストアや家電量販店のような大型で安価な店舗の誕生により、価格面などで対抗できなくなってしまいました。このように圧倒的な強みだったチェーンが、時代の流れにより、ある時、突然に負担や弱みになってしまうケースもあるのです。

　日本の自動車産業は、世界中で信頼されています。しかし、電気自動車や水素自動車が注目されている社会で、今後どうなるか予断を許しません。このような圧倒的な技術力を持っている産業でも、出遅れる場合もあります。

また、大手牛丼チェーンは、24時間年中無休という強みを持っていますが、反対に、深夜営業の効率の悪化といった弱みも抱えています。

　やはり企業は、コストばかりを追求するのではなく、しっかりとした品質を保ち、時代の流れに対応しつつ、大衆から目を離すことなく製品、サービスを提供することが大切です。

　ファンケルは、「正直品質」というスタンスメッセージを掲げていますが、これはお客様に対する宣言です。それでも間違いは起こることがあります。そのような時は、隠そうとせず、公表すべきものは公表し、処理しなくてはなりません。それが、お客様を相手にした企業のあり方ではないでしょうか。

第6章

最近の通販の動向と
コミュニケーション戦略

阿部　嘉文

1. 通販とは何か

　「JADMA」は、日本通信販売協会です。こういった業界団体で、「通信販売」という言葉を使っているのは日本だけです。中国では中国電子商取引協会、韓国では韓国オンラインショッピング協会と呼ばれており、その違いは歴史と成り立ちにあります。日本の通信販売は比較的早く始まっており、インターネットが始まる前からテレビ通販、カタログ通販がありました。そのため、「通信販売」という言葉が一般的です。それに対し、韓国や中国では、インターネットが普及してから本格的に伸びたため、「電子商取引」や「オンラインショッピング」という名前になっています。

　「通販」を定義すると、かつての日本では、通信＝電話もしくは手紙で注文を受けて販売し、通信によって消費者とコミュニケーションを図る事業でした。今やサービスを含め、ありとあらゆるものが通信販売に入ってきています。通信販売とは、店頭以外で直接販売する手段の大半を指すと言っても過言ではありません。メルカリは、ある意味サービスの通信販売と表現することができ、最近伸びているエアクローゼットもそうでしょう。したがって今は、店頭以外のさまざまな商品・サービスの販売を、通信販売と定義づけられるのではないかと考えます。

　通信販売は、1660年代にイギリスで種の販売から始まりました。日本でも、協会の会員であるタキイ種苗という会社では、江戸時代から種の販売を行って

いました。大飢饉などが起こっていた当時は、農作物が取れるか否かは、優良な種や苗を手に入れることができるかどうかで左右された時代であり、そこから種の通信販売が始まったといわれています。

先行して本格的に発展したのはアメリカです。通信販売の草創期の頃のカタログにもあるように、モンゴメリー社やシアーズローバック社が通信販売を始めた大手です。

今となっては、モンゴメリー社は会社が変わり、シアーズローバック社は2018年10月15日に破産法適用の申請を出したため、倒産という形になっています。それだけ時代の変化の中で小売業は大きく変わって来たのです。1895年といえば日本は明治時代です。アメリカにおける通信販売の草創期は、各地に農民がいましたが、地元の小売商は、基本的にモノが少ないのに買いたい人が多かったため、商品を高値で販売していました。そもそも販売する店も少なく、価格の問題の他に売り渋りも当時あったのではないかと考えられます。そういった中で、通信販売の業者が豊富な品揃えと適正な価格で売るようになり、消費者の信頼を獲得できたというのが通信販売の草創期であると言われています（図表6-1）。

1800年代後半は、南北戦争（1861～1865年）が終わり、アメリカが統一され急速にインフラが進化していった時代でした。通信販売はインフラが充実して

図表6-1　通信販売草創期

いない（運ぶ人・届ける人がいない）と成立しないので、それが非常に発展していった頃です。南北戦争が終わったのは、日本で言えば幕末の頃です。坂本龍馬や西郷隆盛などが活躍していた時代、大きく成長していったアメリカの通信販売ですが、カタログには何が載っていたのでしょうか。当時は銃と馬具、作業着が売れ筋で、カタログのかなりのページを占めていました。西部開拓時代の名残を感じます。逆に日本における通信販売の草創期というと、明治の末期から大正です。この頃は、農業雑誌での種苗関係も盛んでしたが、他の商品も通販にいろいろと出始めた頃でした。

　今に繋がる総合通販の先駆けになったのは三越（今の「三越伊勢丹グループ」）のカタログです。百貨店の信用に基づいて発行されました。日本では通信販売の草創期の頃は、「どんなものが届くかわからない」、「お金を払ったところで送ってもらえるかわからない」ということがあり、そういう意味では百貨店の信用はとても大きかった。当時は、地方のお金持ちに東京で流行ったものが売れていて、高級品（懐中時計や舶来のブーツ）などがカタログの中心を占めていました。

　小売業は、国内外問わず初めは行商でのいろいろな物々交換から始まり、お金とモノを交換していく対面販売からだんだんと進化していき、その後、多店舗販売、チェーン店といろいろなお店ができていく。そして現在では、百貨店、スーパーマーケット、コンビニへと成長してきたわけです。一方、ダイレクト販売も生まれ、組織や売り手を広げて行く訪問販売と、遠くの消費者に直接販売する通信販売とに分かれて行きます。そういった中でカタログ通販もどんどん成長し、今やインターネットの時代となりました。インターネット時代になると、自分たちで企画したものを売るという業態から、いろいろな会社のものを売るプラットフォーム型へと通販の主軸は移ってきました。通販もカタログ通販の時代からインターネットの時代へと変化してきたのです（図表6-2）。

　日本の通販の市場規模は、物販だけで7兆円、物販以外を含めると14兆円に達するとも言われています。プラットフォーム型の企業が牽引していること、通販の支援サービス、いわゆるインフラ（通信手段・トラックをはじめとし

図表 6-2　日本の通信販売の変遷

1960年代〜大量消費文化
- 高度経済成長期

1970年代〜カタログ通販時代
- ライフスタイルの変化
- 業界の健全化
- 宅急便の登場

　ディノス、ニッセン

1980年代〜マスメディア時代
- 1983年JADMAの設立

　ジャパネットタカタ

2000年代〜インターネット時代
- ECの普及

　アマゾン、楽天

た宅配便）が進化してきたこともあって、今日も年4〜5%で継続的に成長しています。通信販売の形態は、大きくは3つに分類されます。1つはプラットフォーム型と呼ばれるもので、Amazonや楽天、洋服ではスタートトゥデイ（ZOZOTOWN）などネットで売り場を提供するものです。2つめの総合型には、ヨドバシカメラやベルメゾン、アスクルなどで、自社で仕入れて販売するもの。3つめのメーカー自社型で、やずや、化粧品のファンケルやオルビスなど自社の企画商品を販売するものです（図表6-3）。

　また、通信販売の支援サービスや配送サービスもどんどん高度化しました。例えば、「朝注文してもらえれば今日中に届けます」という当日お急ぎ便の人口に対するカバー率は、すでに日本全体の84%にまで到達したと言われています。そういった点でも、インフラは非常に整備されています。また、受け取り方もさまざまです。昨年、通販業界では通販パニックや宅配クライシスと呼ばれた問題がありましたが、それを経て流通はこれからもますます進化していくでしょう。おそらく地方の家では、宅配ボックスが標準装備になっていくでしょうし、都市部では駅で受け取るなど、受け取り方ももっと進化し多様化し

第 6 章　最近の通販の動向とコミュニケーション戦略　73

図表 6-3　通信販売の形態

プラットフォーム型	総合型
アマゾン 楽天 ZOZOTOWN （旧名スタートトゥデイ）	ヨドバシカメラ アスクル ベルメゾン
販売する場を提供し、さまざまな メーカー（ブランド）の商品を取り扱う ↓ 通販の百貨店や GMS 型	自社で仕入れた商品の販売を行う

メーカー自社型
やずや ファンケル オルビス
自社商品の販売を行う

ていくことでしょう。通信手段も進化しており、今ではモバイルが主流で、電車の中でも注文できます。加えて、マーケットのデジタル分析も飛躍的に進化しており、今では地球全体でビッグデータの活用が進んでいます。

　通販市場とは、今では店頭販売以外の大半を通販だと言ってもいいと述べましたが、参入者が多いのはなぜか。まず通信販売のメリットとして、低コストであること、人件費が非常に少なくて済むこと、商圏に制限がないこと、国内外問わず行えるといった点が挙げられます。特に韓国の通信販売は、世界中を相手にビジネスをしており、国内だけにとどまりません。加えて、通信販売の場合には多様なマーケティングプランが立てられることも大きな特長です。通販ならキャンペーン・プロモーションを 1 週間で切り替えることも可能ですが、店頭販売の場合にはあらかじめ計画しなければできない。つまり、ネットのようにキャンペーンやサイトデザインを 1 日で切り替えることなどは、店頭販売ではなかなか難しいが、通信販売や E-コマースならばそれができる。

　消費者のメリットとしては、いつでも注文できること。昨今、状況が変わってきており、従来は通信販売会社のゴールデンタイムは夜の 10 時から深夜 1 時位までとされ、大体この時間にパソコンを使って注文するのが主流でしたが、今では、スマホが普及しているため、注文が多いのは通勤時間帯です。働

く女性は忙しいので、注文を通勤時間帯の電車で済ませるなど、ライフスタイルの変化に伴って変わってきています。こういった新規参入企業の増加と社会状況変化の結果、通販全体にも大きな変化が生じています。例えばプラットフォーム型通販の場合には、どこの会社でも大体同じ商品を扱っています。その結果、いかに早く届けるか、いかに便利なサービスをするか、いかに安く売るかなど、サービス競争や価格競争になりがちなのが昨今の実情です。

消費者から選ばれる企業になるためには、プラットフォーム型ではいかに多くの商品を揃えるか、どれだけ安く売るか、つまり徹底的な効率性・利便性勝負となる。一方、他の通販企業では商品の独自性、プラス α の価値の提供、顧客に寄り添った利便性が問われます。消費者はさまざまですから、そのターゲットにあった利便性・サービスを提供することは企業の独自価値になりますし、その価値をどう作るか、要はブランディングが大事な要素となります。

2. 東アジアの通販動向

日中韓では協会の名前は違うが、アジアの通販サミットという形で、通信販売のさまざまな優秀企業の表彰や、各国の事例発表といったことを行っています。2018年はソウルで開かれました。

アジアの通販の市場規模は、中国は2016年で200兆円ともいわれており、韓国は7.5兆円、日本は14兆円となっています。経済全体の規模に比べると、日本の通販の規模はまだまだ小さい。中国の場合は国土が広いこともあり、通信販売はもともと発展する素地があった。国内市場が中心だが、近年はヨーロッパとの取引が盛んになってきています。韓国の場合は、海外市場での売り上げ規模が非常に大きい。日本はまだまだ国内中心だが、最近では中国への越境ECが増加しています。日本の中国への越境ECの取引の輸出額は、2018年度おそらく1兆円を超えるだろうと言われています。越境ECでは、建前上は（実際は間に入る企業が存在するが）、個人がその国から個人の責任で輸入します。したがって中国本来の輸出入の規制の枠外で（日本からは）輸出することができるため、例えば認可が必要な商品もタイムリーに販売することが可能と

図表6-4 東アジアにおける通販（EC）のGDP比（推計値）

	GDP（国内総生産）	通販（EC）売上比率
中国	1,200兆円	16〜18%
韓国	185兆円	4〜5%
日本	535兆円	3〜4%

（注）中国を筆頭に東アジア諸国のGDPに占める通販（EC）比率は日本よりはるかに高いと言える。
（出所）GDPは世界銀行調べ。通販売上は経済産業省作成のeMarketer, Feb 2018を参照した。

なります。越境ECでは、日本商品に対してのニーズが非常に高く、インバウンドと呼ばれる爆買いなどを通じて日本の商品の良さが知れ渡り、定着したことも大きいのではないでしょうか。

次に東アジアにおける通販（EC）の市場規模とGDP（国内総生産）比を見てみましょう。

E-コマースの市場規模は、中国はGDPが1,200兆円なのに対して通販比率が16〜18%前後です。同様に、韓国が4〜5%、日本が3〜4%。これを見ても、日本の通販の比率はまだまだ低いということが分かります。大半の国の場合、GDPの約半分（4〜5割）は国内の消費が占めると思われますので、市場での通販の有比は、各国ざっとこの2倍程度と見ています（図表6-4）。

3. 中国におけるEC拡大

成長の要因は、「スマホの普及」、「決済システムの進化」、「越境ECの飛躍」の3点が大きい。それに加え大きなポイントは、中国はアメリカに次ぐIT先進国である、ということです。自動運転などの実験が実際に行われていることを踏まえると、日本は東アジア、特に中国との比較では、置いていかれている状況とも言えます。これらの成長の背景にあるものとしては、中国の世界市場戦力である「一帯一路」が挙げられるでしょう。陸と海のシルクロードを活用し、世界の国を相手にしてビジネスを行う取り組みです。また国策としてEC化に注力し、通信販売や輸送・流通における成長率が高い。結果として、中国

ではデジタル化、スマート化、グローバル化が進み、東アジアの通販は"Amazonとアリババの時代"になりつつあると言えます。

デジタル化の代表例として、スマホ決済の飛躍的な増加が挙げられます。デジタル化が進むと、キャッシュレス社会の実現や貿易手続きの簡便化が見込めますが、日本は未だに現金比率が高い国の1つです。スマート化についてはアメリカのほうが一歩先に行っていますが、AIやIoT、ロボットの導入が中国でも急速に進んでいます。日本でも、宅配クライシスの問題を経て、物流の自動化が進んでいます。そのため車の自動運転などが進めば、ドライバー不足の問題なども含めロジスティクスは完全に新たな効率化の時代に突入するでしょう。最後にグローバル化では、越境ECの例にもあるように、海外でしか手に入らないものが買えて、増値税（付加価値税）などがなく中国国内で買うよりも安いため、海外との個人取引の活発化がなお一層進むものと思われます[1]。

4. 日本の通販の課題

日本の通販は成熟期にあります。ECは新規参入しやすい側面を持ちますが、どのサイトにも似た商品が並びやすいことや、配送・フォロー等のサービスも大きな差がないことから、競争がより激しくなっています。そのため、通販をやれば儲かるという時代ではなく、そこにはビジネスにおけるブランディングセンスや的確なターゲティング、チャネルや業種を超えた展開（オムニチャネルや新たな提携）、物流の進化などが不可欠となるでしょう。

プラットフォーム型の寡占化が進んでしまうと商品の差別性はなくなり、利便性が高い（早い・安い・便利）プラットフォーム型企業が1番となるわけですが、しかし、他の通販会社もその真似をして価格と利便性で勝負をするのは果たして本当に良いことと言えるのでしょうか。消費者の立場からすると選択肢の限定化が起きてしまいます。だからこそ、企業には独自価値を創出することが求められると考えます。ただ、これには1社だけで何とかできる時代ではなくなっているという背景も考えねばなりません。

例えば、最近では自動車業界でもGoogle×RENAULT NISSANグループ

や、TOYOTA×SoftBank のような、業種の垣根を越えた提携が発表されています。業界トップの企業ですらこういった提携なくして生き残れない時代ですから、通販業界も物販だけでなく、業種を越えた提携で独自価値を生み出すことや、チャネルの多様性を活かした新たなサービス・コミュニケーションの創出が重要でしょう。これらを踏まえると、現在通販業界は大変革期であると言えます。その変革期を乗り越えるにあたっては、価格と利便性も重要ですが、私は顧客とのコミュニケーションが大切で、会話を越えた繋がりを持つことで2大企業（アリババ、Amazon）にも対抗し得るファン作りも戦略的にできるのではないかと思います。

5. 顧客コミュニケーションの取り組み

　コミュニケーション戦略の重要性として、以下の3つが挙げられます。1つ目は、"お客様のニーズの把握"です。今までのような伝統的なメディアの広告だけではターゲットに届かない確率が高く、一方的なレコメンドは過去の傾向分析にすぎないため、ニーズの把握は未だ発展段階だといえます。2つ目は、"双方向コミュニケーションでお互いを知り、親近感を生み出すこと"。これによってその人に合った独自価値を提供することができ、One to One の関係性構築をしやすくなる。その結果として、"お客様からの末永い支持を獲得"しやすいというメリットが3つ目として挙げられるでしょう。

　　コミュニケーション事例①：双方向コミュニケーション
　　　・顧客や会員相互のコミュニケーションの場づくり
　　　・人気商品の投票、顧客から企画を募集する
　　　・企業⇔顧客だけではなく、顧客⇔顧客というコミュニティの関係性に、企業も1人の人間として参画する
　　コミュニケーション事例②：SNSコミュニケーションへの積極的参加（図表6-5）
　　　・企業や該当商品へのつぶやきを上手くキャッチし、レスポンスを送る

図表 6-5　SNS コミュニケーションへの積極的参加

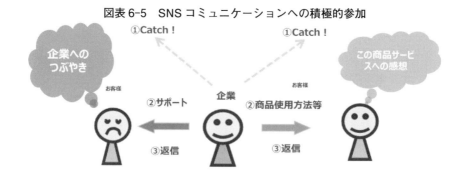

- 積極的に関わることでお客様との親近感を高める

コミュニケーション事例③：コールセンターの対応と情報蓄積
- 直接会話する機会を生かし、お客様の状況を把握する場へ
- さまざまな状況を読み取り、細やかなコミュニケーションサービスを提供する力

コミュニケーション事例④：顧客をサポーターやファンと捉え、集いを開催
- お手入れセミナーやファン顧客の女子会、新製品・自社製品の体験コーナーなどイベントの活発化
- 直接触れ合うことで、ビッグデータでは分からないことが得られる

コミュニケーション事例⑤：CSR（Corporate Social Responsibility）を通じたコミュニケーション（企業理解へのアプローチ）
- 一緒に取り組むことで顧客を企業のサポーターに
- そのほかにも ESG（Environment, Social, Governance）や SDGs（Sustainable Development Goals＝国連の提唱する持続可能な開発目標）の流れを加速したファン作り

6. 通販のこれからに向けて（まとめ）

　世界がますます変化（進化）していくなかで、今や通販は業界という言葉で括れなくなっているのが現状です。その流れに伴い、さまざまな商品や新たな

サービスが生まれており、通販プラットフォーム型企業は価格と利便性がカギとなる一方、日本独自のモデルと言っても良い自社通販型企業は、その企業ならではの独自価値を提供し続けられるかどうかが、消費者に長く支持される重要な要素となるのではないだろうか。したがって「BIGであれば良い」という時代から、「個性と独自価値」が評価される時代へと変遷し、さらに評価の物差しはサスティナブル（持続性、永続性）が重要視されることになるだろう。

（1）2019年より法改正が進められ、法規制は今後大きく変わっていくと思われます。

第7章
ネット通販市場の動向と小売業に与えるインパクト

柿尾　正之

1. はじめに〜ネット通販市場の現状

　私は、(公社)日本通信販売協会(JADMA)に2016年の6月まで所属していました。その後、いくつかの企業で顧問や社外取締役を務め、随時大学で講義も担当しています。

　ネット通販市場は、中国では11月11日の独身の日にアリババが、アメリカではブラックフライデーに、日本ではAmazonや楽天がセールを行い、市場を盛り上げており、インターネットを介して小売市場に大きな影響を与えているのが現状です。

　日本の通信販売市場は、ここ最近、売上高がずっと右肩上がりであり、この10年間で倍の数値をたたき出しています。これに反して、百貨店の売上高は8兆円近くの規模から6兆円規模まで下がっており、厳しい状況にあります。例外的に、都心の百貨店は業績が好調ですが、これは中国人観光客による購入などのインバウンド需要ゆえのことだと言えます。世界的に共通なことですが、ネット通販が伸びると、店舗や百貨店の売上は下がります。2016年の日本の電子商取引市場規模は15兆1,358億円、小売全体におけるネット通販の割合を示すEC（Electric Commerce：電子商取引）化率は5.43%です。日本のこれらの数字は伸びていますが、アメリカ、中国に比べると少ない状況です。日本のネット販売市場は世界でも3、4番目に当たりますが、アメリカ、中国からは大きく離されていて、EC化率はまだ少ないようですが、インターネット

による影響は表れてきています。

　ネット通販は、主に物販系分野、サービス系分野、デジタル系分野の3つに分かれます。物販系とは、PCや食品など、いわゆる形のあるモノを販売することです。JALやANAなどのサイトで航空券を購入することは、サービス系に当てはまり、利用者が多く、購入単価も高いため規模が大きくなっています。デジタル系は、Kindleで本を買うことやiTunesで音楽を購入することなどです。Amazonで紙の書籍やパッケージCDを購入するのは物販に当たります。しかしながら、KindleやiTunesで電子媒体版を購入すると、デジタル系分野に当たります。実情として、韓国等では映画のストリーミングサービスの始まっていることや映画もパッケージで買うことがなくなっているなど、だんだんデジタル系にシフトしています。全体的な市場規模の割合としては、半分以上を物販が占め、残りを形のあるモノ以外が占めています。形のあるモノだけを販売するのではないことが、インターネット市場の特色であると言えます（図表7-1）。

　ネット通販を利用する際に、どの媒体からの注文が多いのかというと、全体の31.9%がスマートフォンからの注文です。現代では、テレビや新聞よりスマートフォンに接触する時間が圧倒的に長く、スマートフォン中心のネット生活になっています。現段階では、まだPCからの注文が多くの割合を占めていますが、スマートフォン普及によるPC離れの動向を見ると、近い将来逆転すると考えられます。PCからの注文の場合、主に寝る前の時間帯の問い合わせ

図表7-1　BtoC-EC市場規模および各分野の構成比率

	2015年	2016年	伸び率
A.　物販系分野	7兆2,398億円 （EC化率4.75%）	8兆43億円 （EC化率5.43%）	10.6%
B.　サービス系分野	4兆9,014億円	5兆3,532億円	9.2%
C.　デジタル系分野	1兆6,334億円	1兆7,782億円	8.9%
総計	13兆7,746億円	15兆1,358億円	9.9%

（出所）経済産業省「平成28年度・電子商取引に関する市場調査」

が多かったのですが、スマートフォンは通勤通学中、仕事中、授業中であっても場所を選ばず容易に注文できるため、その利便性から注文割合が上昇しています。

　経済産業省の電子商取引に関する市場調査の商品別のEC化率についてみると、事務用品（33.6%）や生活家電（29.9%）等が、全体の約3割がネットで購入されていますが、食品とアパレル分野はまだまだネット通販が浸透していないことがわかります。食品市場の全体の中でネット購入されている割合は2.25%、ファッション関係は10%程度となっていますが、今後、この2つの分野で本格的にAmazonが力を入れていくものと思われるので、割合が低かった分野のEC化率もどんどん高まっていくと予想されます。今までは、定番商品がネット通販で多く取引されていましたが、アメリカと同様に、どの商品がインターネット通販で強いという概念は今後無くなり、どの分野もある一定規模の売上を上げると考えられます。

　ネット通販の今後の視点を整理してみましょう。経済産業省の調査によると、第一にモバイル環境が向上したことで、どこでも利用可能で、行動経路も把握可能になったことです。GPS機能により、消費者の購買行動や現在地が把握できるようになり、また、消費者側も店舗の在庫状況等を容易に確認できるようになりました。これらは、ネット通販というよりも、店舗の販売促進手段にもつながります。第二に、モバイル機器が普及し、大多数の消費者に共通の端末IDがあり、個人までは特定できなくても、その人のサイトへのアクセスは把握できるようになったことです。第三には、SNSの普及が消費者の購買行動を大きく変えたことです。今までは企業からの一方的な広告メッセージしか受け取れませんでしたが、SNSにより消費者の声や評価を聞くことができ、顧客が新たな顧客を生むかどうかがカギを握っています。企業は商品やサービスを宣伝することを優先しますが、先に購入した消費者の実際の声が聞けるので、新たな判断材料になるのです。第四は、ビッグデータの活用によって、大量の情報を取得、処理して、売上増加につながることができるようになったことです。GoogleやAmazonは顧客の行動を把握していて、そのデータをもとに提案ができるので、効率的に収益が得られます。購入する可能性が

高い消費者に的確な提案を行えるため、ビッグデータ処理技術を備える会社は今後、成長するものと考えられます。最後に電子マネー等、非現金決済手段の発展です。日本はカード文化が残っているため、かなり遅れていますが、中国では、多くの人がアリペイやウィーチャットアプリを利用したスマートフォン決済をしています。日本でも、ラインが同じようなサービスを提供していますが、利用者はまだ浸透してはいませんが、今後は日本でも、財布を持たないスマートフォン決済が普及すると考えられます。

　通販は、メディアのある場所が出店場所（小売り店舗の出店場所に当たる）であるため、当然、インターネットを無視することはできません。2006年には5,000億円規模であったインターネットの広告費は、ここ10年間で約2.6倍になっており、2017年には3倍の1兆5,000億円規模まで伸びると予想されています。その反面、新聞広告費は2006年には1兆円規模でしたが、2016年では10年前の半分程度の規模になっています。例えば、自動車メーカーはテレビ広告費を抑え、その代わりにインターネット広告にかなり費やしています。各メーカーがテレビ、新聞広告からインターネット広告にシフトしており、中国とアメリカは来年、日本は5年後までにインターネット広告がテレビ広告を抜くと予想されています。インターネットやダイレクトマーケティングと切り離した世界は、今後考えられないと言えます。

　日本の通販の顧客利用状況をみてみると、世帯通販利用率は8割程度（10軒中8軒の家庭が利用）、個人通販利用率は7割程度（10人中7人が利用）となっており、ここ数年、あまり伸びていません。どうしても商品を実際に見てから買わないと気が済まない人もいるため、この数字は限界にきているとも言えます。それでは何故、全体の人口が減少していて、利用率も伸びていないにもかかわらず、ネット通販が伸びているのでしょうか。要因は1人の利用頻度と利用する商品の種類が増加しているためです。

　JADMAの全国通信販売利用実態調査で通信販売の利用媒体の推移を見ると、PCから注文する人が49.1％と一番多く、その次にスマートフォンで、14年33.6％⇒15年41.4％⇒16年47.3％と伸び続けています。また、既存媒体は成長しておらず、携帯端末利用者の急激な増加、PC利用者の減少が起きている

ため、来年にはスマートフォンが PC を抜くと予想されています。既に、男性の 30 代、女性の 20〜40 代はスマートフォンを一番利用しており、スマートフォン中心の消費生活が始まっています。通販企業のポイントとしては、結婚されている女性は、自分の物だけでなく家庭の物や家族の物までネット通販で購入することがあるため、事業者側からみると基本的には自分の物しか購入しない男性ではなく女性をターゲットにすべきであると言われています。

2. 米国、日本の小売業、通販の動向

　他国の通販動向を見てみましょう。基本的にインターネットはアメリカが開発し、市場は人口の多い中国が中心になりつつあります。普段われわれが使っているネット環境もアメリカがつくったものです。アメリカのウォルマートは世界的最大の小売業ですが、最近になって、社名から店舗という意味のストアーズを消し去り、店舗の有無は関係がないという意思表示をしました。これも成長著しい Amazon の影響があります。アメリカでは、最大のアパレル企業が Amazon になりつつあり、他の小売店で買うべきものも Amazon で購入する風潮があります。日本でも有名な GAP も、Amazon には対抗できないと考え、Amazon に商品提供を始めています。ネットの利便性と販売力を踏まえると、1 つのブランドサイト内で商品を探すよりも、複数のブランドを比較しながら商品を探せるほうに、消費者が集まるのは当然とも言えます。アパレルをネット通販で販売する強みは、ブランドに関係なく同じサイトで商品を比較できることの利便性にあるのです。また、ネット通販の売上増加に伴い、店舗閉鎖や従業員のカットが起きています。スポーツオーソリティという日本にも来ていたブランドも、ネット通販の影響を受け、2016 年に 463 店舗を閉鎖しました。この先もネット通販の成長が店舗閉鎖を引き起こしていくものと考えられます。

　Amazon によって実店舗のあり方が変化しています。買い物の中心が Amazon になっている消費生活者が、アメリカの若者を中心に増加しています。アメリカのサイバーマンデー（感謝祭翌週の月曜日でネット通販のセール日）の

2016年の売り上げは、約3,800億円であり、17年はさらに売り上げを伸ばし、推計額は約7,350億円でした。消費者は、実店舗を、「見る」、「聴く」、「確認する」というショールームとしての役割で利用しており、実際に最終決済を行うのは、ネット通販で安くなったときです。例えば、ヨドバシカメラの店頭で、店員から説明を聞いても、最終的にはAmazonで購入するという消費者も多く、小売店舗はこういった事態を防ぐために、自店のオムニチャネルに注力しなければなりません。

アメリカの大手デパートMacy'sのCEOテリー・ラングレイは、「わが社はもはや百貨店ではない」、「週7日/24時間営業のいつでもどこでもMacy's」と発言しました。朝10時から夜7時など、開店時間しか対応していないことが実店舗の限界です。スマートフォンは、就寝時や入浴時など触れていない時間以外のすべての時間で、商品の購入手段となることができます。Macy'sのCEOは、実店舗はあくまで購入手段の一部分であり、販売はネット対応しなければならないと話しています。また日本でも、イオンは、今年、オンラインショッピングへの投資額が、実店舗の投資額を上回っています。イオンの課題は、これまで競争力の源泉であった巨大ショッピングセンターを多く所有しているところにあります。しかし、1か所に大勢の人を集めなければならない大ショッピングセンターは、日本の高齢化と脱車社会が影響し、今後、見直されることも予想されます。実店舗がどのようにネットに対応していくかは、Amazonに対抗するためにも、非常に重要なことになります。しかし、日本の店舗系小売業はこの点を全くカバーできていないため、脅威にさらされています。実店舗がなくなることはありませんが、消費者は、どんどん便利なほうへと流れていくので、勢力は衰えていくでしょう。

2016年の米国Amazonの売り上げは、前年から約27％も伸びています。今までに類を見ないこの伸びで多くの小売業に影響を与えていることから、Amazonエフェクトと言われています（図表7-2）。

ネット通販におけるアマゾンのシェアは、約43％です。1小売業で、40％ものシェアを占めている企業は前例のないことです。この現象の理由としては、インターネットは実店舗とは違い、総取りが可能であることが挙げられま

第 7 章　ネット通販市場の動向と小売業に与えるインパクト　87

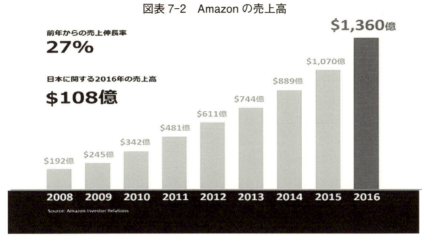

図表 7-2　Amazon の売上高

（出典）Amazon Investor Relations

す。小売店舗は、立地によって購入できる商品が左右されますが、インターネットでは、何処にいても同じ商品が購入できます。これがネット通販の最大の特長です。日本の小売業は、この点に対応できていないので、Amazon のシェアは今後、伸びていくものと思われます。

　今まで Amazon は、電化製品や書籍に大きく寄与してきましたが、最近では、エレクトロニックアクセサリーの売り上げが伸びています。これには、Amazon echo という AI スピーカーの影響があります。アメリカでは、Echo との会話を利用することで、消費者は、商品を購入することができます。AI スピーカーは 1 万円ほどで購入可能です。日本でも、近い将来、会話することで商品の購入ができるようになるでしょう。Amazon の売り上げ伸び率が 2 番目に高いのは、意外にもホーム＆キッチンです。それに続くのが、アパレルになります。Amazon が今まで苦手としてきた分野で売り上げを伸ばしていることが、見て取れます。Amazon はもはや、本、家電などの販売だけを行っているのではありません。今日、日本の百貨店が成し得なくなった「百貨」をカバーした総合小売業となるでしょう。

　Amazon の創設者であるジェフ・ベゾスは大学卒業後、金融機関に就職し、

ヘッジファンドに移籍、1992年にはシニア・バイス・プレジデントへ昇進しました。しかし、1994年にWorld Wide Webの利用が増加していることに気がつき、退社を決めました。その後、妻と共にシアトルに移住し、翌年には、Amazonを創設しました。ジェフ・ベゾスには、これからはウェブの時代が来るという確信があったのです。ジェフ・ベゾスが、レストランで紙ナプキンに書いたものが、Amazonのビジネスモデルです（図表7-3）。

　二重の循環する円が、そこには記されていました。1つ目の円は、売り手と顧客と商品との関係性を表した円です。カスタマーエクスペリエンス（顧客満足度）が高ければトラフィック（注文）が増加し、注文数が増加すれば、売り手（出店店舗）も増加します。さらに、売り手が増えることによって、セレクション（品揃え）が増えていくので、顧客が満足する、というようにループした円が出来上がります。もう1つの円には、前者のループを実現するために必要なことが記されています。顧客の満足には、低価格での商品提供が必要で、低価格にするには、低コスト構造が必要です。そして、その低コスト構造があるから顧客満足を支えるとしています。

図表7-3　Amazonのビジネスモデル

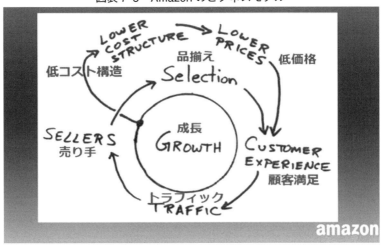

（出典）Amazon.co.jp

このビジネスモデルは、現在も全く変わらず、Amazon のビジネスモデルとされています。さらに、このビジネスモデルがあるからこそ、Amazon は、他の小売業が気づいていなかった物流をきちんとこなすことができました。この当時、日本の通販会社は、佐川急便やヤマト運輸等の宅配会社に頼めば届けてくれると、考えていました。しかし、Amazon のジェフ・ベゾスは、はじめから物流がネット通販の肝になると気づいていました。ネット通販業界で大切なのは、その業界のプロであることではありません。それはむしろ逆です。書籍の業界を全く知らないジェフ・ベゾスが本の通販で成功したのはなぜでしょうか。その業界のことを知りすぎると発想が固くなり、今までの考え方に染まりすぎてしまいます。Amazon の創設者のジェフ・ベゾスや、楽天の三木谷社長、オイシックスの高島社長に象徴されるように、ネットビジネスでは、外から業界を俯瞰して、新しい価値をお客様に与えることができる企業が成功をおさめています。その業界にもともといた人は、新しいモデルは逆に創り出しにくいのでしょう。

新しい売り方を創出した Amazon は、日本に進出した 2009 年当時、丸善や三省堂などネット通販を行っていた企業をすぐに追い越しました。つまり、両者にはビジネスモデルの違いがありました。日本の書店は店にある在庫でネット販売を行いましたが、それでは、単に入り口が店頭か、ネットかという違いに過ぎません。ところが、Amazon は、自社で書籍を物流センターに在庫として持ちました。日本の書店は、委託販売でのリスクをとりたくありませんでしたが、Amazon は顧客の利便性を第一に考えました。これが、業界に長く居続けてきていたが故に、日本の書店が変革できないところでした。また Amazon が大切にしたモデルは、規模の生産性です。規模の生産性とは、たくさん売れば売るほど、コストは低くなり、ある程度まで下がると、ある一定線にいくと下がらなくなることを指します。現在、Amazon は、莫大な売り上げを生んでいますが、多くの利益をとっておらず、あれだけ売っていても営業利益率が低い会社です。その理由には、投資をし続けていることがありますが、投資先は、物流センターやコンピューターシステム、Amazon echo 等のシステム開発、Amazon fresh 等の新規事業などです。Amazon のビジネス形態から生ま

れた言葉に"ロングテール"があります。ロングテールとは、商品1つひとつの売り上げが少なくとも、商品数が多いことで売り上げが見込めるという考えです。実際、Amazon の本の売り上げの4分の1は、ランキング10万位以下の本によるものですが、これらの本は他の書店では、売られていないので、価格競争に陥りません。実店舗の面積は有限ですが、Amazon はインターネットの無限な面積に加え、物流センターを自社が所有しているというコントロール力もあり、どこまででも本を並べることができます。Amazon が本の販売から始めたのは、1年間に何回かしか買われないものも置いているというロングテールによって生まれる、顧客との信頼関係の構築という目的もありました。顧客は、Amazon が莫大な面積の在庫を持つことを認識し、「Amazon になければあきらめよう」と考えるようになったのです。

　Amazon の大きな特徴に、探索費用の削減があります。履歴によるリコメンダーにより、顧客は必要な商品を素早く洗い出すことができ、さらに、Amazon のサイトを使いやすくしています。顧客は、他の消費者の評価により、自分にあった案内や、購入者のレビューなど客観的な情報を得ることが可能です。つまり、目的とする商品を探索するコストと時間を削減し、到達しやすくしているのです。さらに、これは、リアルショッピングでの消費者の不利な点である情報の非対称性をカバーしています。一般的に、売り手のほうが情報を持っており、買い手はあまり情報を持っていませんが、Amazon では、レビューなどにより、売り手よりも買い手のほうが実践的な情報を得ることができます。これが Amazon のサイトの使い勝手を向上させているのです。日本 Amazon は米国 Amazon より売り上げランキングが上で、2107 年には三越伊勢丹を抜くはずです。2015 年現在、日本の小売業で Amazon より上位にいるのは、イオン、セブン＆アイ、ファーストリテーリング、ヤマダ電機ですが、数年後、日本の小売業で、アメリカよりも日本での急成長が目まぐるしい Amazon より上位にいるのは、イオンとセブン＆アイのみになるでしょう。この動きの影響で、イオンは店舗ではなく、ネットに投資しなければならなくなったのです（図表7-4）。

　日本の人口減少により、これからの小売業はどうなっていくでしょう。日本

図表 10-4　小売業売上高ランキング（2015 年度）

順位	企業名	売上高 （百万円）	決算期
1	イオン	8,176,732	2016/2
2	セブン＆アイ	6,045,704	2016/2
3	ファーストリテーリング	1,786,473	2016/8
4	ヤマダ電機	1,612,735	2016/3
5	三越伊勢丹	1,287,253	2016/3
6	J フロントリテイリング	1,163,564	2016/2
7	高島屋	929,587	2016/2
8	H2O リテイリング	915,690	2016/3
9	ビックカメラ	779,081	2016/3
10	ドンキ HD	759,592	2016/6
11	エディオン	692,087	2016/3
12	イズミ	668,783	2016/2
13	USMH	663,798	2016/2
14	ケーズ HD	644,181	2016/3
15	ローソン	583,452	2016/2
16	しまむら	547,022	2016/2
17	マツキヨ HD	536,052	2016/3
18	ウエルシア	528,402	2016/2
19	ツルハ HD	527,508	2016/5
20	サンドラッグ	503,773	2016/3

アマゾンジャパン
1 兆 1,747 億円
（前年度比 17.5％）

は 2053 年には、現在 1 億 2,600 万人ある人口が、1 億人をきり、生産人口が減少し、高齢化率は 38.4％（2065 年）まで上昇し、さらには、単身世帯も増加します。高齢者の単身世帯が増えることで、物の売り買いの仕方は変わってきます。一家そろってショッピングセンターに行くことは減少し、調理済みの食品を購入する消費者が増えるでしょう。

これから小売業では、売上高における右肩上がり思考の売り方が終わります。消費者のほうも消費志向型生活が終わります。また、業界的思考型から顧客視点思考型へ変化します。Macy's の CEO が話すように、「うちは百貨店だ」という考え方はなくなり、軸はネットになります。寒い日に外に出て店舗に買い物に行くことはなく、ネットショッピングをするようになるでしょう。顧客の TPO に合わせた販売方法の変化が必要になり、さらに、これからの人口構成、世代構成に合わせた小売業が必要です。成長、つまり売上拡大を志向する企業は、国内で新しいことをするか、海外進出が不可欠となります。例えばユニクロは、2020 年の東京オリンピックまでに日本国内の店舗数 800 店舗に対し、中国での店舗数は 1,000 店舗になるとされています。日本では、ネット販売に重きを置きたい考えです。しかし、ネットの販売率 30% という目標に対し、現在は 6% であり、壁はかなり大きいようです。日本のネット販売で頑張っている企業として挙げられるのは、日本のネット販売売り上げ 2 位のヨドバシカメラ、5 位の上新電機、8 位イトーヨーカドーのネットスーパー、10 位カメラのキタムラ、ビックカメラ、ファーストリテーリング、オルビスです。

3. まとめ〜ネット通販の将来と共存

1つ目のポイントはプラットフォームです。プラットフォーム事業では、土台をつくり、参加者が増えていくことで価値が増幅していきます。典型的な例は、Google、Facebook、Amazon、楽天です。場所をつくり、価値を増幅させていきます。楽天はパートナーとしてテナントがいますが、楽天市場がなければお客様は来ません。

プラットフォーム事業は、じつはネット登場以前にも存在していました。それは、駒澤大学近辺で言えば東急電鉄です。山林だった土地に線路を通して、不動産を売り、住民が住めば、そこにビジネスが生まれます。さまざまな企業が来て商店街ができ、さらにはショッピングセンターができました。つまり、駅ができることによって、いろいろな産業の企業などが集まって来て、Amazon でいうところのトラフィック数が増加するわけです。これこそがプラット

フォーム事業であり、実は、鉄道はプラットフォーム事業の典型なのです。

　これをネットのプラットフォーム事業で見てみると、楽天やAmazonという場所をつくり、そこに多くの人が来ていろんな情報（リコメンデーションやリビュー）を書くからこそ価値が出るのです。これがプラットフォーム事業の一番の特徴です。このような会社がイニシアチブを握る時代です。プラットフォーム戦略では、より高い価値を顧客に提供することができれば勝者になれます。ネットの時代ではプラットフォーム化が一番大事なことです。日本では今後、プラットフォームのイニシアチブを握る会社はAmazon、楽天、ヤフー、ZOZO、ヨドバシカメラ、ロハコの6社に絞られてくると言われています。

　このことを念頭にプラットフォームを持たない会社は、生き残る道を考えていかなければなりません。そのためには、巨大な勢力を持つAmazonと同じ土俵で戦うのではなく、Amazonのプラットフォームの利用方法を考えていくことが大切です。プラットフォームを持たない会社のマーケティング戦略としては、ニッチの事業戦略、つまり、Amazonにつくれない商品をつくり、Amazonにできない方法で販売していくこと、さらに、新しい市場を見つけていくこと、そして、けっして売上思考ではなく利益思考の事業戦略を行うこと、が必要になります。日本は量的な拡大ではなく、利益をとる戦略をしなければなりません。次に大事なことは、非デジタルであることです。ネットに対してネットで対抗するのではなく、コールセンターなどのアナログな手段で対抗する必要があります。人間は感情を持つので、完全にデジタルにはなれません。例えば、閉店セールと聞くと、つい必要ないものまで購入してしまう、ということがあります。冷静な検索だけでなく、感情の起伏を利用したショッピングの両方が存在するので、Amazonが完全に市場を独占するということはないでしょう。伸びはしないものの、感情のあるショッピングも継続的に存在するでしょう。

　冷静さと感情の起伏を両立させている他の例としては、メディアミックスが挙げられます。電話やテレビはホットなメディア、映画やインターネットはクールなメディアと呼ばれています。冷静に検索してショッピングをしている

一方で、どこかで人は無駄遣いをしています。ジャパネットたかたのテレビショッピングでは、4〜5万円の電気釜が次々に買われています。顧客は、商品を紹介された後、冷静になってネットで検索するのではなく、テレビでの説明のみで瞬時に購入しているのです。これこそ、ネットの検索型ショッピングと感情型ショッピングの両立です。

　これから、顧客中心の視点の重要性、マーケティングセンスの重要性が叫ばれていくでしょう。マーケティングについては、売り方、誘惑力（テンプテーション）に特に注力が必要で、誘惑力がある会社とない会社に大きな差が出てくるでしょう。さらにブランド力の重要性も高まります。一般的なブランド力というのは、購入者以外も知っていることですが、通販の場合は、ターゲットとなる顧客がそのブランドを知っているかどうかが重要になります。彼らがどのように次の顧客リストになるかということを考えなければならないのです。

第8章
既存顧客の理解が新規顧客を創造する

沼田　洋一

　「新規顧客」の獲得、という考え方自体が変わってきています。

　これまで「新規顧客」の獲得はテレビや新聞などのマスメディアが担ってきました。効率よく顧客アプローチができるからです。ところが、マスメディアの平均的な視聴者は高齢化し、これからの成長を支えてくれる若年層にはマスメディアが届かなくなってきました。一方、Googleやfacebookなどのデジタルプラットフォームの仕組みの中で彼らに効率的にアプローチするためにはさまざまなデータが必要になります。これからの顧客にアプローチするためにはこれまでのやり方を変えるだけでなく、新たなやり方を創造していかなければならないのです。

　実は今、こうした環境変化を受けて新規顧客の獲得のために広告主企業が大きく変わろうとしてきているのです。その変化の源はこれまでダイレクトマーケティングの広告主企業が行ってきたことを取り入れることから始まっていて、なおかつこれまでのやり方に留まらない方向に発展しようとしています。それは、自社の顧客のデータとプラットフォーマーのデータを付き合わせて、プラットフォーマー側のデータから「見込み顧客」を探し出す方法です。そのためには自社の顧客がどんな「人」であるのかを詳しく知ることがポイントになっています。つまり、既存顧客の理解が新規顧客の創造の種となっているのです。ここでは、その変化の方向について述べてみたいと思います。

1. 背景：狩猟から農耕へ

　第二次大戦後から始まったマスマーケティングの仕組みは、インターネット

が普及した2000年以降、徐々にその形を変えてきています。マーケティングコミュニケーションが新規顧客獲得という狩猟・採集の仕組みから、ライフタイムバリューを重視した農耕の仕組みに変わってきているのです。これは、「狩猟・採集」社会から「農耕」社会への移行とよく似ています。これまで大量の広告費を使っていた広告主企業のマーケティングコミュニケーションの目的が、従来のマスメディアを使った新規ユーザー獲得から、優良顧客を作り出すことにシフトしてきたのです。日本で言えば縄文時代から弥生時代への変化です。しかし1万年も続いた縄文時代が一夜にして弥生時代になったわけではありません。稲作という生産プラットフォームの拡散とともに、弥生人は縄文人と混ざりながら置き換わっていったのです。

少子高齢化の進行という社会環境の変化、デジタルツール・デジタルメディアの普及によって誰もが接触するメディアが減少したというメディア環境の変化の2つがゆっくりと仕組みの変更を促しているのです。

またそのシフトは、人の移動によっても促進されています。2000年以降、国内の広告主企業においても、マーケティング担当者が中途で採用されることが多くなり、ダイレクトマーケティング企業の担当者がマスマーケティング企業に転職することが目立つようになってきました。特にデジタルマーケティングの経験者は転職市場で価値が高く、多くの広告主企業が競って採用をしました。デジタルマーケティング経験者は、さまざまなセミナーで話すことも多く、ネットワークが拡大することでより流動性が高まったとも言えるでしょう。

市場・メディア環境の変化と人の流動が仕組みの変化を促進しているのです。デジタルマーケティングは顧客をデジタルデータで知り、デジタルツールを使って直接コミュニケーションしていく手法です。これが「優良顧客を作り出す」ということに寄与しています。もちろんこれまでのマスマーケティングのやり方も用いられていますが、主要なマーケティングのKPIについては、従来のトライアル（はじめてその商品やサービスを購入すること）の獲得だけではなく、顧客のロイヤリティ（その商品やサービスを自分にとって大事だと思う気持ち）の向上も大切な指標となってきています。

2. デジタル広告の特徴：行動ターゲティング

　従来のマスメディアと比較したときのデジタルメディア、デジタル広告の特徴は、ひとりひとりに合わせて露出される「個告」だという点でしょう。みなさんが何気なく見ているサイトのバナー広告も実は、ひとりひとり違う広告が出ているのです。例えばみなさんが大手の通販サイトで商品を見た後に、違うページを見に行くと、さっきまで見ていた通販サイトの商品がバナー広告として出てくることがありますよね？　それは、どのサイトのどの商品を見ていたのかというデータに基づいて、広告があなたを追いかけてくるのです。

　YouTube で動画を見ているときに最初に出てくる動画広告も、あなたの性別年齢を推定して出されているのです。また、見ている動画の種類によっても広告の種類が違ってきます。デジタルメディアでは、こういう仕組みのことを「行動ターゲティング広告」と呼びます。デジタルメディアに接触すると何らかの形でみなさんが接触したデータが残り、それを使ってもう一度あなたに広告を見てもらおうとするのです。

　デジタル広告ではさまざまな手法があります。WEB サイトに静止画（動くものもあります）を掲載するバナー広告。動画サイトに掲載される動画広告。SNS サイトやニュースメディアに掲載される記事風のインフィード広告、細かくは後ほど説明しますが検索した言葉に連動して掲載される検索連動型広告。

　どの手法でも、みなさんのデジタルメディア上での行動履歴、どのサイトをみた、どの記事を読んだなどの行動履歴から「たぶんこの人はこんな人」だからこの広告を見てくれるだろう、という推測をしているのです。私が化粧品の担当だったときに会社のパソコンで、化粧品や美容のサイトをたくさん見ていると、会社のパソコンに表示される広告はどんどん女性向けの商品ばかりになっていきました。テレビメディアでは、たくさんの人になるべく多く見てもらいたいというのが目的ですが、デジタルメディアは、できるだけ興味関心のぴったり合った人に見てもらいたいというのが目的なのです。

3. 潜在需要を引き出す

　マスメディアとデジタルメディアの違いを考えてみましたが、こんどはマスマーケティングとダイレクトマーケティングの違いを考えてみましょう。マスマーケティングといわれるものは主に店頭販売される商品を対象に、見込み顧客の多そうなデモグラフィック（性年齢や職業など）ターゲットに対して「投網」をかけるようにマス広告を露出するものです。広告の目的は新規顧客の獲得であり、そのためにはとにかくリーチ（母集団の何％の人に広告が届いたかという指標。最大値は100％）と認知（広告の認知率やブランドの認知率など。こちらも最大値は100％）が必要とされました。この場合のKPI（Key Performance Indicator）は、到達指標としては広告のリーチであり、意識指標としては広告認知率やブランド認知率になります。これは店頭には常に商品が配荷でき、広告がリーチして認知した生活者が同じような確率で商品を買ってくれるという期待確率に基づいた手法です。そこで想定されるのは、同じ価値観や生活習慣を持つカオのない生活者だとも言えるでしょう。多くの人の興味関心や生活習慣がほとんど同じで、マスメディアを使って情報を届けることができた時代には、この手法が合っていたのです。

　一方、ダイレクトマーケティングにおいては、顧客の情報と購入履歴から継続購入（同じ商品を続けて買ってもらうこと）やクロスセル（ひとりの人に数種類の商品を買ってもらうこと）を行い、ひとりひとりの顧客の長期間の購入回数を増やすというライフタイムバリュー（生涯価値：長い間、お客さんでいてもらいできるだけ多く購入してもらう）を向上させることが大きな目標となっています。テレビや新聞で広告を行い、電話で注文を受け、ハガキでDM（ダイレクトメール）を送り購入を促す。さらに、顧客ごとの嗜好に応じた商品のリコメンド（この商品はあなたに合っていますよという推奨）や割引、ポイント付与などマスマーケティングではできない個別対応を行うことにより顧客とのつながりを深めていきます。こうやってライフタイムバリューを増やしていくわけです。

マスマーケティングと同じように、多くの人の興味関心や生活習慣がほとんど同じで、マスメディアを使って情報を届けることができた時代には、商品やサービスのことを知るきっかけになるのはテレビや新聞などのマス媒体が入り口になっていました。見込み顧客の多そうなデモグラフィックターゲットに対して「投網」をかけるという点においては、マスマーケティングもダイレクトマーケティングも使えるメディアがマスメディアであれば同じ手法でした。ただしダイレクトマーケティングでは、認知率などのKPIではなく、そのメディアを通じて電話がかかってきたか、WEBサイトに来訪してくれたか、商品への申し込みがあったかなどの行動結果で評価をするしくみでした。

4. 顕在需要を取り込む

　新規顧客の獲得については、同じダイレクトでもインターネットでの検索行動に頼る企業も多いです。インターネットの検索行動によって、今ここで興味関心を持っている人が「顕在化」するため、その「顕在化」した需要を持つ人をトライアルに結びつけることによって顧客の創造が可能になります。市場規模が小さい商品や企業規模が小さい企業では、費用のかかるマスメディアよりも、少ない費用で顧客の獲得が可能になります。商品名やカテゴリー名やその商品によって得られる効能など検索される言葉はさまざまですが、自社の商品やサービスに関連した領域の言葉を検索している人は、高い可能性で顧客となり得る人でしょう。

　その中でも自社の商品やサービス名で検索してくれる人が一番、トライアルに近い状態です。ただ、そのためには商品名を知ってもらうための何らかのきっかけが必要です。

　みなさんもそうだと思いますが何かに関心があった場合、まずは、カテゴリー名（化粧品、スキンケアなど）の範囲の大きな言葉で検索を行います。その際、自社のページが上位に表示される（自然検索）ことが望ましいわけですが、それにはGoogle等のプラットフォーム側の表示のロジックを知り、自社のサイトが検索される数を増やしておく必要があります。また、自然検索とは

別に、検索連動型広告として入札を行い、検索結果に自社の情報を表示することができます。検索ページの上位と側面にある広告スペースに出る情報です。とはいえ、検索されることが多いキーワード（化粧品＞スキンケア化粧品＞自社商品名）は多くの企業が自社の情報を表示したいと思っているので、入札の金額も高くなります。そのため、できるだけ効率よく入札を行うためには自社の商品と関連度の高いキーワードのリストを作っておく必要があります。このリストは、自社サイトに Google Analytics などの分析ツールを用意しておいて、どのような検索ワードでサイトにくるユーザーが多いのか、どのページが多く閲覧されているかなどを分析することで準備することができます。

5. コンテクストを見つけ出す

　このリスト作りは、見込み顧客の関心事を見つけるとてもよいチャンスです。

　例えば、ニーズが顕在化している見込み顧客は、さらに検索ワードに、さまざまな「お悩み」ワードを入力するでしょう。「肌荒れ」、「ニキビ」のような症状のこともあれば、「卒業式」、「合コン」のような目的や機会のこともあるでしょう。すなわち、みなさんの検索の背景にはさまざまな関心事があるわけで、みなさんがどのような関心事に基づいて検索を行っているのか、その「文脈（コンテクスト）」を理解した上で、自社の商品やサービスをコンテクストに合った形で接触してもらえるようにキーワードリスト作りをすることが重要なのです（図表 8-1）。

　例えば、自動車の「プリウス」を事例に考えてみましょう。プリウスは排気ガスの少ない「エコロジー」な車、燃費のいい「エコノミー」な車、「販売台数 No.1」な車という 3 つのコンテクストを持っています。それぞれのコンテクストに反応した人が「プリウス」を購入しているのです。

　とすれば、どのコンテクストに反応しているのかによって、自社の商品やサービスを紹介するにしても、「エコロジー」な人には環境に関するコンテンツを、「エコノミー」な人には経済性に関するコンテンツを、「販売台数 No.1

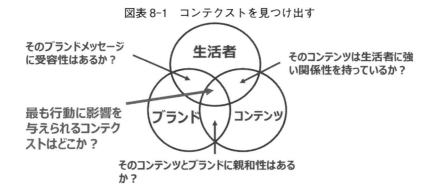

図表8-1　コンテクストを見つけ出す

な人には、多くの人に人気があるというコンテンツをみてもらう必要がありますね。つまり検索されるワードの文脈によって、ランディングページ（検索連動型広告をクリックした後に、表示される自社のサイトのページのこと）を変えることが必要になるのです。この考え方もデジタルメディアのところでお話した「行動ターゲティング」と同じ考え方ですよね。できるだけ興味関心のぴったり合った人に見てもらいたいというのが目的なのです。

　自社の商品やサービスがどのようなワードで検索をされているのか、そのときの生活者はどのような「コンテクスト」を持っているのかを知ることができれば最も行動に影響を与えることができるはずでしょう。

　デジタルメディアのところでも説明したように、現在のダイレクトマーケティングでは、一度自社のWEBサイトに訪問した後にそのまま離脱した人に対してリターゲティング（別のページで広告を見せる）を行い、もう一度WEBサイトに来てもらおうとする手法もあります。ただ、これらは顕在需要のある人に対するアプローチのため効率が良いものの、新しい「見込み顧客」の発見にはつながりません。顕在需要のある顧客ばかり獲得することで次第に獲得効率が低下してしまい、潜在的な「見込み客」自体を増やすことができていないのではないかという点で限界を指摘されることもあるようです。

6. マスマーケティングと CRM の間に

　先ほど述べたように一般消費財メーカーもデジタルツール、メディアを使ってダイレクトに顧客と繋がるようになり、新規顧客を捕まえることよりも、既存の顧客をより優良な顧客にしていくロイヤリティ戦略を重視するようになってきました。デジタル化により、顧客はますます企業と直接結びつくようになり、広告主企業が顧客に関する情報をたくさん持つようになってきたからです。しかし、自社の既存顧客と WEB サイトへの来訪者だけにコミュニケーションしていては、潜在的な「見込み顧客」は増えていきません。

　そのため、ここ数年、マスマーケティング企業が、これまでの性年齢を中心にした画一的なデモグラフィックターゲットから、より細分化されたターゲットを設定することが増えてきました。花王では、「スモールマス」という概念で説明をしています（図表 8-2）。

　『花王では近年、「スモールマス」という概念を提唱していますが、「スモールマス」とは、「マス市場が縮小し、スモールマスと呼ぶ一定の規模を持つ市場が数多く生まれている」現代の状況そのものを示しています。ですからマーケティングも、画一的なマーケティングを行うのではなく、生活者それぞれのニーズや悩み、希望に沿った情報や商品を、一旦セグメ

図表 8-2　クラスター/スモールマス

デモグラフィックターゲット

クラスター
スモールマス

カスタマー

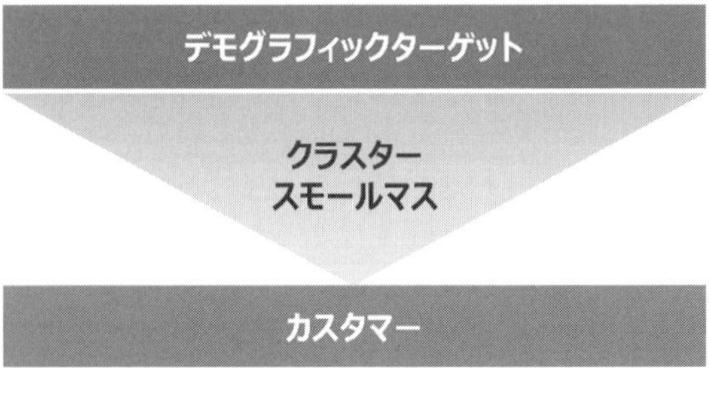

ント（＝スモール化）した上で、より的確に発信していくことが必要であると考えています。』（宣伝会議2018年4月号）

　ADKでは、デモグラフィック特性だけでは生活者を定義することができないと考え、2008年から生活者を9つのライフスタイル分野（生活価値観・食意識・健康意識・家族意識など）でクラスター分類を作成することで、生活者分析に生かしてきました。意識クラスターで生活者を小さな集団として捉える考え方と、「スモールマス」の考え方はとても近いといえると思います。

　画一的な「マスマーケティング」でもなく、既存顧客を対象にした「カスタマーリレーションシップマーケティング」でもない、生活者の興味関心に合わせたコミュニケーションを中心とした新規顧客獲得のためのマーケティングという第3の方法があるのではないでしょうか。できるだけ興味関心のぴったり合った人に見てもらいたいというアプローチを「ピープルリレーションシップマーケティング（PRM）」と呼んではどうでしょうか（図表8-3）。

　この新しい新規顧客獲得方法に用いられているのが、自社の顧客情報を、facebookやtwitterなどのプラットフォーマーに提供（カスタムオーディエンス）し、プラットフォーム側で自社の顧客の興味関心コンテンツが似ている人を探し出してもらう（オーディエンス拡張）方法です。この方法により、自社の既存顧客に近い潜在的な「見込み顧客」にアプローチをすることが可能になっています。これはプラットフォーム側が、生活者とコンテンツの関係性情

図表8-3　ピープルリレーションシップマーケティング（PRM）

マスマーケティング

ピープルリレーションシップマーケティング（PRM）

カスタマーリレーションシップマーケティング（CRM）

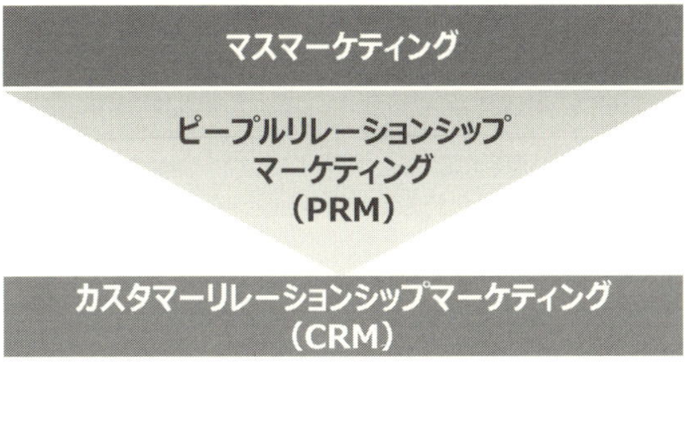

報を大量に保持しているからこそできることです。とはいえ、プラットフォーマーに依存しなければできないマーケティングでは制約も大きいし限界もあります。

7. コンテクストを活用する

では、プラットフォーマーのデータに頼らずに「見込み顧客」にアプローチをすることはできないのでしょうか。プラットフォーマーと同じデータを持つことはできませんが、自社の顧客のことを多面的に知ることでさまざまなアプローチ方法が考えられると思います。

図表8-4はヒアルロン酸やコラーゲンなどの「美容サプリメント」を購入する人と、体脂肪燃焼やカロリー摂取を押さえるなどの「ダイエットサプリメント」を購入するユーザーの意識や行動の違いの大きなものをまとめたものです。

これらの商品は、ドラッグストアに行けば隣り合った棚に置かれていることも多く、購入する年代層もかなり重なっています。しかしそのユーザー像につ

図表8-4 ユーザーの意識や行動の違い（サンプル）

項目	女性 美容サプリユーザー	女性 ダイエットサプリユーザー
趣味	美術館・博物館めぐり	読書（マンガ）
大切にしている言葉①	若々しさ	女らしさ
大切にしている言葉②	品格	楽しさ
ステータスになるもの	自分の意見に賛同してくれる人が多いこと	頭がよい/偏差値が高いこと
購入ファッション銘柄	アンスタイル	ジーユー
よく利用する店舗	松屋銀座	LUMINE（ルミネ）
よく読む雑誌	美的	sweet
よく見る番組	アイドルバラエティ	ドラマ

（出所）Axival 3D データベース（2015）

いては、特徴をみていくとかなりの違いがあることがわかりますね。

　美容サプリユーザーとダイエットサプリユーザーを比べると、趣味ではそれぞれ「美術館めぐり」と「読書（マンガ）」、言葉は「若々しさ」と「女らしさ」。「よく読む雑誌」も「美的」と「sweet」。よく見る番組では、男性アイドルの情報バラエティと、恋愛ドラマ。かなり差がありますよね。商品カテゴリーユーザーとして見た場合でも、こんなに大きな違いがあるんです。

　特にダイエットサプリのユーザーを見ていくと、図表8-4には載っていませんが、よく見る番組ではドラマの視聴率がほどの番組も高く、ダイエットサプリユーザーは非常にドラマが好きだということがわかります。とすればテレビCMを実施する時には、ダイエットサプリユーザーによく視聴されている番組枠を利用するべきだという方法を思いつきます。また、オウンドメディアとしてメルマガのコンテンツに悩むことも多いと聞きますが、そのようなときにも、その時々に放送されているドラマを切り口にしたメルマガコンテンツを作成すれば、ユーザーの関心の高い話題であるので、読んでもらえる確率が上がるのではないでしょうか。

　このようなプロファイリングをしていくと自社の顧客の特徴が可視化され、自分たちの商品のユーザーの特徴を社内で共通認識とすることができます。競合商品のユーザーについても同じ分析を行えば、競合商品のユーザーを狙う場合の攻略ポイントを探すことができるでしょう。自社の顧客に大規模な調査を実施することは難しいかもしれませんが、この事例のように調査会社や広告会社の持つデータを活用して分析をしてみることも可能です。

　人を動かすためには、適切なコンテクストとコンテンツが必要です。メディア企業、例えば雑誌社は、雑誌という「紙媒体」を発行することで生活者と「特定の趣味嗜好」というコンテクストでつながり、最も読者が欲しいと思うコンテンツを提供することができました。しかしながら分散型メディア（各コンテンツメディアの記事を集めることで成立しているキュレーションメディアと言われる媒体）やプラットフォーマーに生活者との接点を囲い込まれ、メディア企業はコンテンツ企業に様変わりしようとしています。同様にメーカーも、自社の商品情報だけではなく、生活者の興味関心に合わせたコンテンツを継続的

に供給することが求められています。自社内だけでコンテンツを制作していくことが難しい場合には、広告会社やメディア企業と協力体制をつくり、継続的なコンテンツ供給の仕組みを作ることも必要です。

8. 広告会社も変わらなきゃ

　私が所属する広告会社がこれまで担ってきた「見込み顧客」を発見し、コミュニケーションするという機能を、デジタルプラットフォーマーが果たすようになってきてしまいました。それに伴い、「見込み顧客」の存在確率が高いメディアを選び、その使い方を提案することが価値であった広告会社も変わらなければならなくなっているのです。広告会社も、自ら生活者との接点であるメディアを保有し、またさまざまなメディアと生活者のIDデータを連携することで、「顧客」になる確率の高い生活者を見つけ出すことが価値になろうとしているのです。

　広告会社は、生活者のことを幅広く知っていることが価値の源泉であり、そのために多くの定量調査を行い、さまざまな広告主企業に対してサービスを提供してきました。広告主企業側が、全数データとして顧客データを保持するようになると、広告会社もプラットフォーマーのように「見込み顧客」を発見することを求められるようになります。その際に、デジタルプラットフォームだけではなく、テレビや新聞、雑誌、屋外広告などの媒体でも「見込み顧客」の発見とレスポンスを測定することが必要になります。

　例えばADKでは先ほども述べたようにパネル調査をベースにした、意識・価値観、メディア接触、購買行動ログデータを統合した3Dデータベースを構築し、「見込み顧客」のプロファイルの特定や有効なメディアの特定をしています。

　この詳細なデータに加えて、今後は、メディア企業やデータプロバイター企業と契約することでクッキー（PCを特定できる情報）やAdID・IDFA（スマホ端末を特定するための識別子）などの端末ID情報と生活者の行動情報を紐付けしたさまざまなジャンルのデータを組み合わせることで、独自のデータを構築

していく必要があります。

9. まとめ：新規顧客の獲得に向けて

　マスマーケティングでもない、CRMでもない新しいマーケティングを実現するためには、自社のオウンドコンテンツに生活者の興味関心に合わせたコンテンツを継続的に発信する体制を築くことが必要となります。そのためには、コンテンツ制作の専門家の力も借りて、自社のメディアが生活者に見てもらえるメディアを目指すことが大事でしょう。

　また、マスメディアを活用する場合も、デモグラフィックターゲットではなく、カテゴリーユーザーや興味関心ターゲットという視点でメディアを選択します。そして生活者の興味関心に合わせた複数のコンテンツを用意し、ふさわしいコンテクストを持つメディアに露出をすることになります。

　この手法を短期の効率という指標で見ると、あまりよくないかもしれませんが、継続的な新規顧客の獲得とブランドとの関係性を構築していく上では、とても重要なアプローチだと考えています。

　これまで述べてきたように、今後の数年間でマーケティングコミュニケーションの考え方が大きく変わることが予想されます。それに対処するために、まず自社の顧客を多面的に理解することから始めてはどうでしょうか。

第3部

ダイレクト・マーケティングの事例

第9章
メーカー系通販の展開

乗竹　史智

1. はじめに

　メーカーが行うダイレクトマーケティングがどのように展開されていくものなのかを、皆さんにお伝えできたら良いと思います。

2. 会社概要

　ライオンは1891（明治24）年10月に創業し、126年という長い歴史を持った会社です。小林富次郎が立ち上げました。「ライオン」という社名は、1896年に作った「獅子印ライオン歯磨」が由来です。当時、動物の名前を会社名にするというのが流行しており、歯が丈夫そうな動物「ライオン」からつけました。歯磨き粉は現在でも主力の商品でもあり、そのほかにも洗剤などの商品も手掛けています。売上は約4,000億円、従業員数は約6,700名です。売上の中で最も大きな割合を占めているのが歯ブラシや洗剤などの一般消費財事業で、全体の7割近くを占めています。一般消費財事業の中でも、歯ブラシのシェアはここ数十年業界ナンバーワンです。また、「キレイキレイ」などのハンドソープ事業でも、ここ数年業界ナンバーワンのシェアを誇っています。洗濯用洗剤を扱うファブリックケア事業も、2、3位のシェアがあり、また、リビングケア事業という台所洗剤を扱う事業でも高いシェアを維持しています。バファリンや目薬などの製品もライオンで手掛けています。そして、その他というカテゴライズの中で通販販売限定の商品などを取り扱っています。

3. メーカーの通販

「ライオンが通信販売をやっているの」と思う方も少なくないと思います。ライオンでは、サプリメントなどいくつかの商品を、通信販売でしか購入できない通販専売で提供しています。一般消費財事業に代表される歯磨き粉や洗剤には、ライオンが持っている高い技術が用いられています。メーカーでは製品を研究開発し、それを生産、そして消費者がそれを消費します。この一連の流れの中で、ライオンでは消費者視点に基づく
・新しい、もしくは独自の技術を用いた「物づくり」
・新しい切り口（提供価値）を捉えた「物づくり」
・高い生産品質を継続して維持する「物づくり」
の3点を中心に、「物づくり」と「品質」にとてもこだわって商品を提供しています。通常の通信販売の会社アマゾンなどでは、もともと存在している商品を置いており、メーカーが行う通信販売とは大きく違います。メーカーと消費者は直接的なつながりはなく、卸店を通して販売先である小売店まで商品が運ばれ、その後消費者の手に渡るのです。広告でも広告代理店に委託し、テレビやインターネットなどのさまざまな媒体を使って広告を出します。このことからわかるように、メーカー側から消費者は近しい存在と思いきや、実際はメーカー側と消費者が直接的に接する場所はほとんどなく、一方通行のコミュニケーションになっているのです（図表9-1）。

4. 通信販売について

通信販売は、流通系の通信販売とメーカー系の通信販売の2種類に分けることができます。流通系の通販は、Amazonやテレビ通販などが代表的な例です。これらは商品を仕入れて販売するスタイルであり、商品そのものは作っていません。流通系の通信販売の狙いは、「あなたが欲しいものは何でもここにあるよ」というもので、誰でもが欲しいものがすぐ買えるという強みを持って

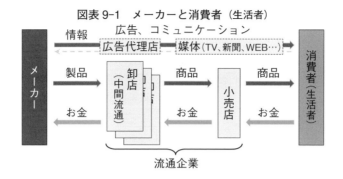

図表9-1　メーカーと消費者（生活者）

　います。一方でメーカーが行う通信販売は、「こだわりの（能書きの多い）商品をあなたに」というものを目指しています。多くの商品を揃えるのではなく、自社で生産したこだわりのある商品を販売しようというものです。この分野には、セサミンなどを販売しているサントリーウェルネスを中心に、やずや、山田養蜂場などの会社が存在し、ライオンではライオン・ウェルネス・ダイレクトというブランドで通信販売を行っています。流通系通販にもライオンの商品はいくつも置いてありますが、それは流通系通信販売を展開している企業との取引であって、お客様と直接取引はしていません。今回は、お客様一人ひとりとコミュニケーションをとっている、メーカーの通信販売の形を紹介します。

5. 「ライオン・ウェルネス・ダイレクト」のダイレクトマーケティング

　流通系通信販売の会社でライオンの商品が売れたとしても、それはライオンとお客様の直接的な関係ではなく、流通系通信販売を通しての関節的な関係にしか過ぎず、卸売店などを仲介している店舗での販売と違いはありません。ライオン・ウェルネス・ダイレクトが行っている通信販売は、お客様一人ひとりを対象にコミュニケーションをとり、商売をしています（図表9-2）。
　これを実施することによって、宅配業者などは間に挟むものの、製品を「ライオン株式会社」の名前で発送し、個人のお宅まで届けることができます。

図表9-2　メーカーの通販への取り組み

	①流通系通販	②メーカー系通販 （自社通販）
担当組織	既存営業組織	ウェルネス・ダイレクト事業本部
商品	市販品	通販専売品（＋市販品）
営業活動先	通販事業者	生活者個人
宣伝	・マス広告主体。 ・効果測定は困難。 ・通販事業者との販促活動。	・WD独自に実施。 ・すべての施策（広告や既存顧客へのアプローチ）のレスポンスを測定。PDCAを徹底して回す。
販促		
配送	個客配送は通販事業者	宅配業者を通して顧客に配達。
代金回収	流通企業から回収。	代金回収業者を通した回収。

データや代金も自社で管轄するので、より細かな情報を手に入れることができ、お客様一人ひとりと直接コミュニケーションをできるようになりました。通信販売を行う上で、ライオンが重視している3つのポイントがあります。1つは商品展開、これは何を売るのかというものです。2つ目は通販マーケティング、これはどうやって顧客に商品を買ってもらうかについて。そして3つ目はフルフィルメント、つまり企業が抱えるバックヤード業務のことを指します。これら3つを駆使し、ロイヤルカスタマー、つまりライオンに信頼を置き、継続的に利用してくださるお客様を増やすことを目的としています。商品の展開では、通販限定のサプリメントやドリンク、女性の育毛剤を、インターネットのホームページや電話受付で販売しています。2007年に立ち上げたこの事業は、2013年に売上100億円を突破し、一時的に売上は下がったものの、現在では過去最高を更新しており、健康食品業界全体でも10位から11位の水準を保っています。事業立ち上げ当時、ライオンでは「良い習慣を皆さんに提供しよう」という目標を掲げました。「良い習慣」とは、歯磨きなどといった毎日やることによって、必ずいいことが自分に返ってくる習慣などを指します。過去には、スポンサーを務めていた人気番組などでも、タレントに歯磨き

の宣伝をしてもらうなどして、歯磨きを多くの人の習慣にしてもらいました。健康食品を始めるにあたって、さまざまな調査を行いました。それにより健康食品をインターネット通販で購入する人々が増えているというデータを発見し、通信販売を利用した健康食品の販売を始めました。

健康食品に通信販売での伸び代があると感じたのは、薬とは違い飲んだ次の日に何かの症状が治るわけではなく、長く続けることによってメリットが得られるなどといった点があったからです。そして、当時機能の明記を法律上禁止されていた健康食品には、通信販売のメリットでもある顧客の情報がわかることを利用し、継続のためのダイレクトメールなどといった工夫を、購入いただいたお客様にピンポイントですることができたことが挙げられます。これらを専門的に行う事業として、通販事業が立ち上がりました。

6. ウェルネス・ダイレクトとは

ウェルネスは健康を意味し、ライオンでは人々が病気をしないで過ごせるような健康と、積極的なライフスタイルを追求することを掲げています。ダイレクトは通信販売を意味します。第二次世界大戦後の日本人男性の平均寿命は50代後半でした。55歳で定年退職をした人々には、あまり多くの余生を過ごす時間は残っていませんでした。現在では日本人男性の平均寿命は80歳を超え、退職した後でも20年近く生き続けます。しかし、寿命は伸びたものの、病気になってしまい高額な医療費がかかるなどといったケースが増加しています。一般的に病気などをせずに、健康に暮らしている「健康寿命」は短いということです。平均して男性で9年、女性で13年、病気や寝たきりになっている時間があると言われています（図表9-3）。

不健康でいる時間を少しでも短くしよう、つまり健康寿命を少しでも長くしようという事業ビジョンのもとに、健康食品の販売を始めました。最初に注目したのはメタボリックシンドロームです。メタボリックシンドロームとは、内臓脂肪が増え、血糖値や脂質、血圧が上昇し、さまざまな病気を引き起こしてしまうものです。

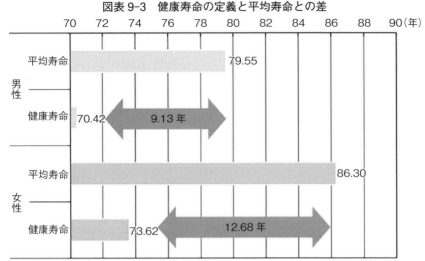

図表 9-3 健康寿命の定義と平均寿命との差

(資料) 平均寿命(平成22年)は、厚生労働省大臣官房統計情報部「完全生命表」
　　　健康寿命(平成22年)は、厚生労働科学研究費補助金「健康寿命における将来予測と生活習慣病対策の費用対効果に関する研究」
(注) 健康寿命：人の寿命において「健康上の問題で日常生活が制限されることなく生活できる期間」
(出典)『厚生労働白書』平成26年版。

　これに対し、市場性があり、健康習慣を気にしながら継続的に摂取できる商品、「ラクトフェリン」を開発しました。メタボリックシンドロームにもならず、内臓脂肪を減少する効果が見込めました。ラクトフェリンとはもともと母乳などに含まれているもので、感染防御、免疫力の向上、鉄吸収促進などといった生体調節機能を持った物質です。この物質を摂取することによって、内臓脂肪や体重を減少する効果が得られるということが、さまざまな研究を通じて判明しました。

　メーカーが行う通販では、継続して使ってもらう商品を取り扱います。継続のためには、いろいろなコミュニケーションをしなければなりません。私たちが普段行っている会話同様、話のネタがないとコミュニケーションはできません。そのために、効果は確かなのか、あるいはそのメカニズムはどうなっているのかという研究をし、これをもとにお客様に情報を提供し、継続的に買って

もらうためのコミュニケーションとしています。

　お客さんにダイレクトメールやＥメール等で情報を提供し、お客様に商品の良さを理解してもらい、継続的に購入してもらいます。

7. 通販マーケティング

　通販マーケティングの売り方の特徴として、以下のものが挙げられます。
①広告メディアを使う

　通販はお店を持っていないため、気づかれません。しかし、目に触れない限り、お店では物を買ってもらうことができません。宣伝をして、コミュニケーションをとることが大切です。
②レスポンスの効果測定する

　いくらの広告を出し、何人のお客様が買ってくれたかをすべてデータに取ります。例えば、500万円かけて500人のお客様が来たら、1人のお客様にかかった費用は1万円になります。レスポンスの効果測定が可能なので、徹底した効果測定を行い、PDCA（Plan Do Check Action）を行います。まず計画して、試しにやってみて、その効果をチェックし、良ければ行動を拡大していくサイクルを回すことが、通販の売り方の鉄則になります。
③どこでも商取引できる

　ダイレクトマーケティングの特徴でもありますが、どこでも商取引できます。
④双方向マーケティング

　一度顧客として獲得すれば、One to Oneでのコミュニケーションが可能になります。

8. 単品通販の売り方

　メーカーは商品の数が少なく、極端なメーカーでは1品しか売らない通販もあります。そのため多くのメーカーは、単品通販という形をとっています。単

図表 9-4　単品通販

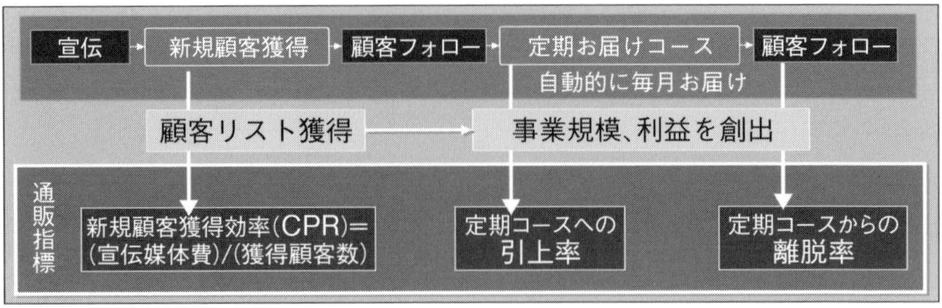

```
宣伝 → 新規顧客獲得 → 顧客フォロー → 定期お届けコース → 顧客フォロー
                                       自動的に毎月お届け

         顧客リスト獲得 → 事業規模、利益を創出

通販指標：
  新規顧客獲得効率（CPR）＝（宣伝媒体費）／（獲得顧客数）
  定期コースへの引上率
  定期コースからの離脱率
```

品通販の売り方は、まず宣伝をし、新規顧客獲得します。これをCPR（新規顧客獲得効率＝宣伝媒体費÷獲得顧客数）という指標を使って効果測定します。それからコミュニケーションができるように顧客情報を収集します。その後は顧客フォローにより、定期お届けコースに入っていただきます。定期お届けコースに入っていただくと、宣伝費がかからないため、ここから利益を創出することができます。1人あたりの広告費とサプリメントの値段は合わないため、最初は赤字になります。しかし、継続して買ってもらうことにより利益を得る、というビジネスモデルをとっています（図表9-4）。

単品通販を成功させるためには、宣伝をできるだけ効率的に行うことが大切です。先程は1人あたり1万円かかるという計算を行いましたが、100円で顧客を獲得できれば、9,900円分浮きます。また、定期コースに入ってもらうことも重要です。ウェルネス・ダイレクト事業本部には社員が40名いるのですが、そのミッションはお客様とのコミュニケーションを徹底的に行い、コミュニケーション費用を効率化させていくことです。

9. ダイレクトマーケティングにおける広告

広告に投資する判断基準は、①クリエイティブ、②媒体、③効率です。インターネット以外にも、テレビ・新聞・折込チラシなど、あらゆる媒体を活用します。しかし条件があります。われわれが扱うサプリメントは、40歳以上の人がターゲットです。そのため40歳以上の人が見ない媒体には広告を出しま

せん。すなわち、皆さんが見ている媒体には、サプリメントの広告はあまり出ないと思います。

さらに、お客様と直接レスポンスできることが重要です。昔なら電車の中では電話ができないため、電車の中に通販の広告を出さないように、お客様が電話をかけられる状態である場面でしか広告は出しません。そして、レスポンスを計測できるようにします。テレビでは接触した番組名を聞き、紙媒体は記載されている番号、WEBは測定ツールを使って計測します。当たり前のようなことを徹底的に分析し、効率を上げることが宣伝において大切です。また新聞広告においては、記事風タイプの広告にすることで宣伝効果が約2倍になることもあります。

10. 機能性表示食品について

日本では口から食べるものは、食品と医薬品と保健機能食品（特保を含む）の3つに分類されます。従来、健康食品は、食品に分類され、機能表示ができませんでした。しかし、2015年4月1日に法改正があり、健康食品は、メーカーが届け出した場合、「機能性表示食品」として機能を表示していい制度になりました。健康食品は、機能を表示しないと何に効く商品なのか判断ができません。従来「ラクトフェリン」も、「内臓脂肪」、「おなか」という文言は使うことは禁止されていて、どこにどういいのか伝えることができませんでした。限られた情報の中では、お客さんに伝わらなかった時期もありましたが、法律が変わったとき真っ先に利用し、機能性表示食品の1号として届け出をしました。昨年度が過去最高の売上になったのは、これが理由です。

11. 宣伝レスポンスの重要性について

レスポンスが低いとお金がかかります。お金がかかると利益が出なくなります。利益が出なくなると、目標利益を達成できず、宣伝費を削ることになります。宣伝費をかけないとお客様が来なくなってしまい、事業が停滞し、悪魔の

図表 9-5　宣伝レスポンス

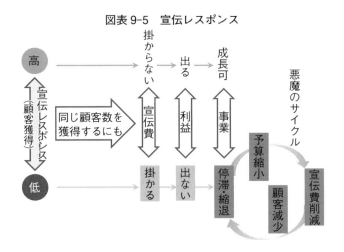

サイクルに陥ります（図表9-5）。

12. お客様獲得デバイス

　初回受注はインターネットが半分以上です。今一番伸びているのは、スマートフォンです。現在、約40％がスマートフォンからの注文になっています。

　お客様がどういう人かという属性と、どこから注文しているのかという獲得デバイスは密接な関係にあります。

　商品Cは女性が多く、年代が高い。一方、商品Aは、女性の比率が約6割で、40代以上の女性がメインです。実は商品Cとは女性向けの育毛剤で、60代以上の女性でないと買わない商品です。獲得デバイスを見ると、商品Aは、40代の女性がターゲットであるため、パソコン・スマホでの注文が多くあります。インターネットが伸びていると言われていますが、商品によってメインターゲットは異なり、商品Cである女性用の育毛剤の獲得デバイスからもわかる通り、ターゲットの年代が高い商品だと、インターネットだけでなく、電話等の受付が多い場合もあります。

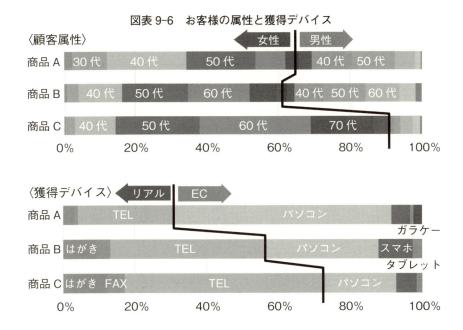

図表 9-6　お客様の属性と獲得デバイス

13. WEB マーケティング

「ラクトフェリン」に限って言うと、ターゲットであるお客様が若いため、インターネットでの注文が多いです。「ラクトフェリン　ライオン」と検索すると、検索結果が画面の中央左に出てきます。お客様はこの画面の左上しか見ず、クリックされる率が高い場所も左上になります。下にスクロールした場所に掲載されても、ほとんどの人はクリックしません。そのため、左上に出すためにSEM（Search Engine Marketing）を行います。右側には広告と書いてありますが、この部分はお金を出して掲載している広告になります。この広告は、クリックによってお金がかかるため、リスクもあります。

WEBマーケティングツールについて紹介すると、リターゲティングというものがあります。これは、広告をクリックすると追いかける仕組みです。

「クッキーを食べる」という表現をしましが、クッキーを食べる（クリックする）と、食べたことがわかるようになり、追うことができる仕組みになっています。また、アフェリエイトという仕組みがあります。自分が持っているサイトに、バナーを掲載し、顧客がクリックして購入すると、サイトの管理者が報酬を得ることができる仕組みです。現代は、データを多く持っている人がマーケティングを制していくと言われています。データがあれば効率よく広告を打つことができるためです。

14. 定期購買をしてもらうために

　定期コースに入ってもらうために、さまざまなツールを使います。まず技術情報を開示し、買ってもらえなかったら定期販促のダイレクトメールを送り、それでも買ってもらえない場合には、電話でお誘いをします。定期コースに入ってもらうために、このような活動をしています。ダイレクトメールにお客様の名前を載せる（Aさんお得な情報がありますよ。等）だけでも、レスポンスは変わります。

　また、双方向コミュニケーションも定期コース獲得には重要です。お客様の意見を徹底的に聞きます。1週間に1万件のお問い合わせが入りますが、社員で週番を決め、1週間1人がすべての意見を見ます（実際には、文字に落とされた情報を見ているので）。問題がありそうなお客様の意見から、問題を解決していきます。科学的な問い合わせがある場合は、研究所までさかのぼってお答えをすることもあります。それ以外にもお客様にCM出演をしていただいたり、われわれと東京観光をしていただいたりなど、できる限りお客様と双方向につながるような活動をしています。

15. 通販フルフィルメント

　フルフィルメントをしっかりしないと顧客は離れていきます。例えば、「配送スタッフがタバコ臭い」というクレームは、配送業者の問題ですが、ライオ

ンの問題でもあります。つまりは、お客様との接点はすべて良くしていかないといけないということです。継続的に買ってもらうためには、配送スタッフや、電話のオペレーター等の外部委託もすべて連携して対応することが必要です。バックヤード業務は、基本はシステムですが、品質を確保していく必要があります。

16. 継続成長できるか

　単品通販は最初にお金をかけて宣伝をし、顧客を獲得し、定期コースに入ってもらう必要があります。お客様と強い絆を築いて、商品を継続的に買うと言ってもらわないと、商売は続きません。単品通販は、お客様との関係によって成り立つ通販であると言えるでしょう。

第10章
無印良品のデジタルマーケティングについて

川名　常海

1. 無印良品のミッション

　無印良品は1980年に生まれ、ブランドとしては長い歴史を持っています。1980年当時は、2回のオイルショックを経て、だんだんモノが売れない時代に突入するところでした。当時、企業はモノを生産しても生産しても足りないぐらい、とにかくモノを作れば売れた。そして、大量消費し大量廃棄する社会でした。また、価格訴求や行き過ぎたマーケティングによる「売り込み」が盛んでした。しかし、そのような「大量生産」、「大量廃棄」、「売り込み」の世の中を冷ややかに見ていたのが、無印良品の生みの親のセゾングループの堤清二氏とグラフィックデザイナーの田中一光氏です。

　「大量生産」は「資源浪費」につながり、その結果「自然破壊」を招いている。生活者は、値段の安さや商品の本当の価値を隠してきらびやかに見せる「売り込み」によって買わされる。そういった購買体験は幸せではない。いち消費者として「納得購買」したい。自分でモノの価値を理解し、冷静な目で判断したうえで、意思決定して、その結果その商品を長く愛用する。そうすれば大量のごみも出ない。堤氏の言葉で言えば、世の中で行われているのは「資本の論理」だが、これから世の中をよくするためには、「人間の論理」で考えて発想しなければならない。むしろものの作り手や売り手が、「人間の論理」で世の中に啓蒙しなければならない。また当時は、エコロジーという言葉は一般的ではありませんでした。そんな時代に「自然について危惧して、人間と自然

のあり方を訴えるような活動する」という、このような発想で作られたのが無印良品です。
　田中一光氏は、奈良県出身のグラフィックデザイナーです。マーケター的な発想をする、広い視点で世の中の先を見通していた人でした。彼の言葉を引用して無印良品を説明します。
　「無印良品は、高級ライセンス商品に対する、極めて大きな反逆であり、アンチテーゼである」。例えばアパレルブランドが、ブランドのロゴを付加するだけで高く販売するのに対して、「無印」という名の通りブランドロゴはないが、しっかりとした縫製、素材、着心地を重視し、ブランドによって価格が付加されるのはおかしいということを、無印良品は商いを通して伝えてきました。
　「この時代にどういう生活をするのかをテーマとして、無印良品は人間と自然の関係を考えるベーシックな商品づくりを目指さなければなりません」。「美を鑑賞ではなく、モノで伝播していけないか、商いを通して美を伝播することができないかと思っていた。無印良品は、商いを通すことで、人々が喜び、そして美を伝播することができる」。私たちはこのようなメッセージを、声高らかに伝えるのではなく、商品やその商品で織りなすライフスタイルを店舗で表現し共感してもらうことで、賛同者を増やしていくアプローチをとっています。
　「簡素が豪華に引け目を感ずることなく、その簡素の中に秘めた知性なり感性なりがむしろ誇りに思える世界、そういった価値体系を拡めることができれば少ない資源で生活を豊かにすることができる」。「無印良品とは『思想』であり、『ライフスタイル』である」。私たちが商品を作って店舗で売るということは、ゴールではなく１つの手段です。無印良品のさまざまな商品がディスプレイされ、無印流のライフスタイルがたくさん見えてくる。そのように店舗という場は、いわゆる無印良品のプレゼンテーションの場であり、そこで共感してくれる生活者が増えていけば、「大量生産」や「大量廃棄」がない世界になる。これを目指しているのが、無印良品というブランドです。
　数年前の企業広告ですが、ビジュアルは畑と茶室です。私たちの美意識や価

値観は、この茶室に詰まっています。多分これは、日本人のDNA、あるいはアジアの人のDNAに入っている価値観だと思います。茶室では、障子の開いた窓から見える風景を絵に「見立て」る。窓から見える景色は、夏なら夏の、冬なら冬の絵になる。自然のありのままの姿を綺麗だと思う、また受け入れるのが価値観になっている。逆に西洋は、どちらかと言うと装飾された額縁の絵を飾るという、「盛る」＝プラスする世界観や美意識です。また、茶室の空間は、縦と横のまっすぐな線で構成された非常にシンプルな世界観です。これを綺麗だと感じるのは、DNAに組み込まれた価値観なのだと思います。それに対して、西洋は曲線の美です。例えば、猫脚の家具などがそうです。そういった盛っていく美意識に対して、アジアは「間引く」、引いていく価値観です。無印良品の提案する空間も、壁面にグリッド状の棚を構成し、縦横のモジュールが揃った収納用品が収まっています。日本人の根本にある価値観、美意識を現代の暮らしに合わせて提案です。プロダクトを通して、こういったライフスタイルを提案し、それに共感する人を増やしていく。これが無印良品のミッションです。

2. 商品開発について

　無印良品では、一般の生活者とのさまざまな会話を通じて、商品開発の芽となるものを見つけていきます。一番初めの商品は、主婦の「生のマッシュルームは丸いのに、なぜ缶詰では端の部分がないの？」という言葉から生まれました。缶詰のマッシュルームでは、端の部分は入っていません。その部分は、見栄えの悪さ、あるいは詰める時の生産効率が悪いために捨てられてしまいます。ある意味「資本の論理」で考えれば、当然のことになります。しかし主婦目線、「人間の論理」では、「マッシュルームの端は小さく見栄えが悪いかもしれないが、味は変わらない。むしろ捨ててしまうのがもったいない」という考え方です。消費者の意見を反映させようということでできたのが、「ランダムスライス　マッシュルーム」という商品です。無印良品は、今までの既存のメーカー的な、あるいは「資本の論理」的な発想ではなく、「人間の論理」、生

活者目線での発想で商品を作っています。

　別の例に、「こうしん　われ椎茸」があります。通常ヒビが入ったり、大きさがまちまちだったりすると選別の対象となってしまいますが、主婦目線では、「結局水で戻して使うのだから多少ヒビが入っても関係ない。形、見栄えが悪くても味は同じ。用途は十分」という意見です。ということで、パッケージの上部に「わけあって安い」ことが伝わるような共感と納得の商品コピーを付け、世の中に送り出しました。当時はほとんど食品で、40品目でデビューしました。今は洋服などのラインナップも増えていますが、当時はストッキングくらいで、食品と一部の生活雑貨でスタートしました（図表10-1）。

　昔は町の布団屋で柄付きの布団を売っていました。当時はそのような布団がメインでしたが、カバーを掛けて使うため柄は必要ないのではないかということで、先輩たちは無地の布団を企画しました。無印良品はSPA（製造小売業）というモデルです。基本的には工場は持っておらず、商品の企画をして、布団だったら布団メーカー、服だったら洋服メーカーにその企画をお願いして、そこの工場で作ってもらい、それらを買い取って自分たちの店舗で販売をするという、つくるところから売るところまでつながったモデルです。商談の中では、布団という概念が固まっているが故に、メーカーに「これは布団じゃない、絶対作っても売れないよ」と言われ、否定されました。それでも、「消費者からすると、カバーを掛けてしまうので中の柄は関係ない。むしろその装飾

図表10-1　「こうしん　われ椎茸」

がない分、なるべくお求めやすい価格で提供したら喜ぶと思います」というような説得を、一つひとつしながら商品開発を進めていきました。自転車も同じことです。最初から、カゴやライトといったオプションが全部付いているのではなく、そのお客様のライフスタイルに合わせて選んでいただく、というスタイルの提案をしています。

　また最近の家電は、さまざまな付加価値がついています。それに伴って、マニュアルもどんどん分厚くなっていますが、「実際に自分の家にある家電の、付いてはいるが実際に使ったことのない機能がたくさんある」という経験を誰でも持っていると思います。無印良品には、メーカーでない利点、あるいはそのメーカーと消費者の間にいる立場という利点があります。無印良品の商品には、「アンチテーゼ」という視点が含まれています。結局使わない機能なら最初からないほうがいい。さまざまな機能が付いていることで使い方が難しくなるのならば、例えば冷蔵庫だったら冷やす・凍らす、電子レンジだったら解凍する・温める、といった基本的な機能を備えて、その分使いやすくする。さまざまなオプション機能はないけれども、そういった機能がない分お求めやすい。また、例えば家の中に並べたときに、一つひとつメーカーが違い、インテリアよりも家電が出しゃばってしまうような状態は、ハッピーではない。それならば、家電は全部ホワイトグレーで統一し、部屋に調和するようなものにすることを考えて家電を作ってきました。

　最近、そういったことはさまざまな商品で起きてきています。例えば髭剃りは、5枚歯や振動するものなども出ていますが、人によっては2枚歯でも十分なのではないか。ではなぜそういったことになっていくのか。私の解釈では、メーカー通しのにらみ合いではないかと思います。A社が2枚歯ならB社は3枚歯、ではC社は…となっていく。このように、人間の生活の中であまり意味のない付加価値を、競争の中で増やしていく。ただ、それを買うのは生活者ですから、結局その意味のない付加価値競争で割を食ってしまう。そういった世の中に対して、「そのような付加価値は必要ないのでは」といった考え方を含めて、先ほどのアンチテーゼを世の中に警鐘していくのが無印良品の役割です。

このような考え方が、商品開発・マーケティングを行う際にベースになっています。1990年くらいには、「声のキャッチボール」というキャンペーン・ポスターを作成しました。今までお話しした消費者の声、あるいは生活者目線が、私たちの商品開発・サービス開発の源泉になっています。そういった声のやりとりのためのキャンペーンです。当時は、インターネットでの消費者とのやり取りは少なく、店舗スタッフがお客様と話したことを書き留め、それを本部に挙げて、そこで集計していました。現在も行っていますが、毎週火曜日に「お客様の声プロジェクト」というものがあって、その中で、商品改善あるいは新規商品の開発等サービス開発へとつなげていく。そして、それが消費者にフィードバックされていく。そのようなコミュニケーションの循環をやっています。現在年間20万件以上の声が、インターネットを通して届いています。

　2000年には「ものづくりコミュニティ」という名でネット上にコミュニティを作り、そこで消費者と会話をして商品改善をしたり、新商品開発の着想を得ており、その活動も活発になっています。例えば、現代版の提灯の「持ち運びできる明かり」や、「体にフィットするソファ」などの商品は、消費者との「声のキャッチボール」の中で生まれました。「ものづくりコミュニティ」は、今は名前を変えて「くらしの良品研究所」になっています。この中で、今は「アイディアパーク」という名前になっていますが、顧客の改善要望を聞くというコミュニケーションをしています。

　グラフィックデザイナーの田中氏が、「ステーキを食べたり、フォアグラを食べたりして、もう飽食になった時に、『ああ、お茶漬けはうまいな』というような感覚が、無印良品です」と仰いました。これはどういうことかと言うと、まだ着るものもおぼつかない、食べるものがまだ十分に行き届いていないようなところでは、「無印良品って良いな」という価値観は生まれないということです。ある程度ものが有り、世の中が成熟して豊かになって、いろいろなものを食べてみたり、たくさんの服を着てみたり、いろいろなものを買ったり、そういったことがある程度一巡したときに、「ああ、もしかしたら家電はこれで十分なのかもしれない」、「もしかしたら髭剃りのこんな5枚歯は要らないのかもしれない」と思う瞬間があるかもしれません。成熟した社会におい

て、人々の心の中にそのような気持ちが生まれたところに無印良品のマーケットがあるという考え方です。1980年に無印良品が生まれ、83年に青山に一号店ができました。そこから価値観やそれへの共感が広まって、今では国内では450店舗以上、ニューヨークのソーホー、イタリアのミラノ、中国の上海等、世界には800店舗以上、国で言うと26カ国に店舗展開をしています。このような形で世の中が成熟して、「お茶漬けっておいしいな」という感覚が生まれれば、そこに無印良品のマーケットが広がっていき、その共感とともに私たちも出店をしています。

3. コミュニケーション戦略について

では、私たちへの共感をどう広げてコミュニケーションしていくのか。無印良品に携わる人すべてのミッションは、「無印良品の理念を伝え、その活動に共感して、応援したり、参加してくれる人々を増やすこと」です。これが一番大きなミッションになります。その方法として、まず「理念」をしっかり発信して伝えていくこと。2番めに、その価値観に「共感」してつながってくれる人たちを増やしていくこと。3番めに、その「共感」してくれた人たちと「会話」を重ねていくこと。人に譬えると、自分の価値観（理念）を表明して、それにマッチ（共感）する人とつながり、その人と長い関係になるために会話をする。このような友人関係と同じ原則に則っています。

①「理念」
サイモン・シネック氏は、ゴールデン・サークルという簡単なフレームワークを使って、アップルの事例を説明しています。「WHAT」から「HOW」、「WHY」へと進むのではなく、「WHY」から「WHAT」へと伝えていきます。意味である「WHY」の部分が違います。これは、無印良品の考え方に非常に近いと思っています。

無印良品の「足なり直角靴下」を例に説明すると、「WHY＝売り手、企業の論理ではなく、生活者あるいは自然の論理に則って、生活の『基本』と『普

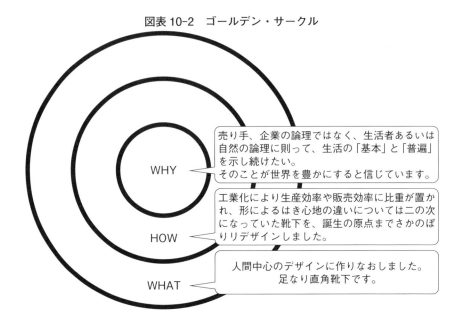

図表10-2　ゴールデン・サークル

WHY：売り手、企業の論理ではなく、生活者あるいは自然の論理に則って、生活の「基本」と「普遍」を示し続けたい。そのことが世界を豊かにすると信じています。

HOW：工業化により生産効率や販売効率に比重が置かれ、形によるはき心地の違いについては二の次になっていた靴下を、誕生の原点までさかのぼりリデザインしました。

WHAT：人間中心のデザインに作りなおしました。足なり直角靴下です。

通』を示し続けたい。そのことが世界を豊かにすると信じています」→「HOW＝工業化により生活効率や販売効率に比重が置かれ、形によるはき心地の違いについては二の次になっていた靴下を、誕生の原点までさかのぼり、リデザインしました」→「WHAT＝人間中心のデザインに作りなおしました。足なり直角靴下です」というように伝えていきます（図表10-2）。

　そのため、WHYの部分が「売りたい」、「儲けたい」ということではないということを強調しています。「なぜこの靴下を提示していくのか」という起点が違います。これからは、プロダクトやサービスには差がつかなくなってくる。そのため成熟していく社会の中では、企業やブランドの「WHY」である「なぜそのような活動をしているのか」という優位性の差になってきます。ですから私たちは、一番真ん中である「WHY」で「理念」＝考え方を語るところから始めます。けっしてスペックや価格から伝えることはありません。店頭にも、私たちの理念を大きく掲出して、訪れた人の目に入るようにしています。

②「共感」

　「理念」を表明したときに、顧客とどうつながっていくのか。昨今、広告は到達しなくなってきている。テレビCMもスキップされてしまう世の中です。そのため大事なのは、「いかにして『伝えるか』ではなく、どうすれば『受け取ってもらえるか』」です。無印良品が生まれたときからほとんど広告はしていません。基本的な考え方は、メディア投資をするよりも、顧客と直接つながるための投資としていくことが大事だ、というものです。メディア投資ではテレビのCM枠や雑誌広告の枠などを借りてくるので、顧客とのコミュニケーションの間に広告が挟まる。しかし、「共感」してくれた人とは、直接つながることが大事だと考えています。

　そこで重要になってくるのがデジタルです。例えば、MUJI passportというアプリをダウンロードしてもらい、直接つながる。アプリのダウンロードの手前だと、FacebookやTwitterといったSNSの場にこちらから出向いていって、そこで「共感」する人とつながっていく。このように、媒体の枠を変えることも大事だと考えています。

　例えば、SNSのタイムラインで友人が美味しそうなラーメンを食べている。それが行動のフック（きっかけ）になり、検索し、来店して食べてみて、今度は自分が発信者となって写真や評価をSNS上で発信していく。現代の購買行動や意思決定は、このようにされていると思います（図表10-3）。

　WEB事業部では、ネットストアなどがありますので、ダイレクト・マーケティング的にどのような人がいつ何を買って、といったことが属性情報を元にわかります。また、SNSのアカウントの運営もWEB事業部でやっています。そのため、顧客が無印良品についてどのようなことを発信していて、そこからどのようにウェブサイトにきたのか、ということも把握することができます。MUJI passportは2013年に作りましたが、それまではある顧客がリアルな店舗に行ったのかどうかといった個人の購買行動を、ある意味1本の線で把握することはできませんでした。しかし、今後コモディティ化が進むと、商品に差がなくなっていく。そういったときに何が大事かと言うと、このような顧客の購買行動を理解して、各接点において適切な応対やサービスなどを提供してい

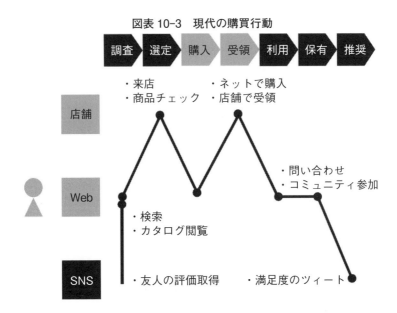

図表 10-3　現代の購買行動

くことです。それが理解できていないと、商売は永続的に続かないし、ブランドとして好きになってもらえない。そのために、顧客の理解を深め、そのうえで商品やサービスにフィードバックしていく。そのように循環して、顧客との関係をより良い状態で継続していくことが、これからは必要だと思って作ったのが MUJI passport です。

　簡単に言うと、スマホのアプリのかたちをした会員証みたいなものです。これを店頭で見せていただくと、買い物のマイルが貯まります。あるいは、Web サイトでコメントを書いても、「くらしの良品研究所」に改善アイデアを寄せていただいてもマイルが貯まります。ですから MUJI マイルは、いわゆるポイント・プログラムの金銭的なマイルというよりは、顧客と無印良品との関係性を示すメジャー（ものさし）です。

③「会話」

　最後が「会話」です。顧客との直接的につながったうえで、どんな会話をしていけばよいのか。ある時代までは、企業と生活者との間のコミュニケーショ

図表 10-4　会話の塊

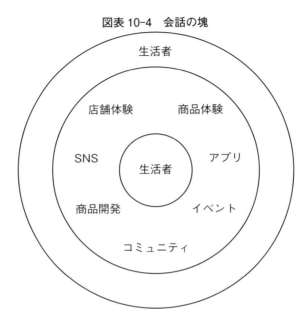

ンは、ある程度広告が担っていました。しかし、現在広告はスキップされる、広告ではない顔をして挟まっていても生活者は一瞬で見抜いて飛ばしてしまう。そのようなときに、「共感」のところでも言いましたが、企業から生活者へ一方的にメッセージを送るというよりも、同じ生活者としてフラットな関係性の中で、店舗やアプリ、コミュニティなどを会話の塊と定義し、その会話の塊を通じてつないでいくことが非常に大切だと考えています。会話の塊は、広告コンテンツというよりはフィジカルな体験として提供していく（図表10-4）。

　広告の時代は、100万人に届くような媒体を買って、上からメッセージを投下する、というアプローチでした。これからは、私たちが無印良品の価値観を持った生活者として、一番近い100人に伝える。その100人がまた100人に伝える。さらに100人がまた100人に伝える。100×100×100で100万人に伝えるというアプローチです。

　その手法として、ブランド・ジャーナリズムがあります。一般的なジャーナリズムは、記者が世の中の出来事を取材して、新聞やテレビといった媒体に記

事化して伝えていく。ブランド・ジャーナリズムの考え方では、無印良品として企業やブランド、あるいはユーザーに関する出来事やストーリーを取材して記事化して、MUJI passport や SNS、店舗などのメディア、フィジカルな接点を通して伝えていきます。特に、店舗を大事なメディアと考えています。

インターネットの時代には、企業や街の小さなショップでも自分たちのメディアを持てるようになったことが、それまでと非常に大きな違いとなっています。無印良品も、自分たちのメディアの中でしっかりとファンに伝えていく、ということが大事になっています。

ここからはいくつかデジタルを活用した「会話」の事例を紹介していきます。

まずは Twitter の例。食品に「バナナバウム」という商品があります。担当者が「無印良品のバウムは恵方巻きとしてはもちろん、ドラゲナイにもいけそうです。」と面白がってツイートをしました。その際、2万件以上のリツイートがありました。この事例で面白かったのは、もちろん商品も売れたのですが、リツイートされた結果フォロワーがとても増えたことです。つまり、先ほどの 100×100×100 の話のように、「無印良品にはほとんど行っていなかったが、友達のリツイートが回ってきて、なんだか無印良品って面白い。ちょっとフォローしておこう」という行動が増えた、ということです。そういう意味でも、無印良品に共感して参加してくれる人を増やすことにつながっていると思います。

次に Instagram の例です。「チョコかけイチゴ」という商品の写真をアップした際、さまざまな国の言葉で「おいしそう！」などのコメントをたくさんいただきました。そして翌日、日本のネットストアの在庫がすべてなくなりました。中国の方がすべて買ってしまったからです。それくらい反響のあった事例です。

サンフランシスコで新店がオープンする際、米国の無印良品ファンに集まってもらい、商品開発のアドバイザリーである深澤直人氏に「OBJECTIVE THINKING」というタイトルで公演をお願いしました。アメリカのファンにとても喜んでいただき、このような直接の場が大切であるということがわかり

ました。

　最近では Instagram や Facebook の動画も活用しています。無印良品のスニーカーは、韓国から火がついて、今、全世界的に売れています。無印良品の韓国マーケティングチームは、自分たちが大好きなスニーカーの工場を取材して、どのように作られているかを動画にし、Facebook に投稿しました。その結果、約 5,000 万人にこの動画がリーチし、再生回数は 1,800 万回になりました。広告を使ってもなかなかできないようなコミュニケーションが生まれました。

　このように、「共感」がしっかり伝わった時は、ソーシャルメディア上の反応は非常に大きなものになる、ということを改めて知ることとなる事例でした。

　「足なり直角靴下」の改良した際は、店頭で 5 万足を配り、その感想をウェブアンケートに答えてもらって、このサイクル自体をインフォグラフィックにしてコミュニケーションにするということも行いました。

　「ヘクセンハウス」というお菓子の家を作るキットの商品の訴求では、少し違ったアプローチをとりました。食品であれば、美味しさを伝えるところですが、そうではなく「ヘクセンハウス」の背景にある童話の世界観に着目し、ヘクセンハウスで作ったお菓子の街を巨大なジオラマにして店頭に設置しました。

　「ぜんぶ、無印良品で暮らそう。」ということで、実際に三鷹に家を建てたこともあります。無印良品は家の販売もしていますが、まだ認知が低かったので、SNS 上でこの家に住みたい人を募集しました。このコミュニケーションも非常に話題になり、たくさんの応募がありました。

　「& TOKYO」という、東京都が海外に向けて観光のアピールをするプロジェクトで、無印良品に声が掛かりました。そこで、東京発のブランドである無印良品が、台湾と米国の店舗で、雷門、レインボーブリッジ、渋谷の交差点など、東京の萌えるところを無印良品の商品で再現して、その価値観を海外の方に伝えるというコミュニケーションをしました。

　このように幾つか「会話」という意味でコミュニケーションの事例をお話し

しました。「これはいくらなので買ってください」というコミュニケーションもないわけではないですが、一番初めには行いません。私たちのコミュニケーションの中心は、無印良品の価値観を伝えるもので、つながった顧客と日々、このようなコミュニケーションをしています。

　今後はスペックでの価値はますます付けづらくなります。そうした時に、ブランドの「Why」である、「なぜそのブランドは存在するのか」、「何のためにそのブランドは商売をしているのか」といったところでの「共感」が、これからますます大事になってきます。そのため、私たちに「共感」してくれたファンの人たちとどのような関係でありたいのか、が重要です。「他の人と比べて、お金もあるし、背も高いし、イケメンだし、将来性もありそうだし、あなたでいいわ！」というように、価格やスペックの面で選ばれるのではなく、「なんだかわからないけど、あなたの考え方や生き方、そして信念にとても共感するわ。だからあなたがいいわ！」といった関係でないと、ブランドは長続きしないのではないでしょうか。これからは、ますます企業のWHYが問われ、それがない企業は淘汰されていくと思います。

第11章
楽天市場マーケティング

坂本　洋二

1. はじめに

　本日は楽天という会社全体の話と、楽天市場という小売り事業のマーケティングを紹介したいと思います。

　楽天は、1997年2月に設立しましたので、21年目です。三木谷浩史社長が銀行を辞め、MBAを取得し、最初は愛宕に部屋を借りて6人で活動していました。

　その後2000年に上場しました。当時のサイトに出店していた店舗数は13店舗ほどで、その店舗のうちの大半を三木谷社長が購入していました。立ち上げ当初のサイトは手づくり感が溢れていました。20年経った現在では、オフィスも二子玉川に移転し、日本のみならず海外展開を開始しています。代表的なオフィスとしては、アメリカ・カリフォルニア州にあるサンマテオやシンガポールなどに進出しています。従業員数は現在1万4,000人程で、小売りの楽天市場だけでなく、楽天トラベルや楽天カードなど多岐にわたる事業の展開をしています。

　具体的な事業展開としては、2000年の楽天トラベルや楽天ブックスがあります。2008年以降は海外に事業を拡大し、最近ではラクマのようなフリーマーケットにも展開を進めてきました。

　デジタルコンテンツは現在拡大中ですが、楽天TVでオンラインでのストリーミングサービスを開始しています。アメリカでは、グループ会社が電子図書館サービスを運営しています。金融系では、最近では楽天カードが広く認知

図表 11-1　楽天エコシステム

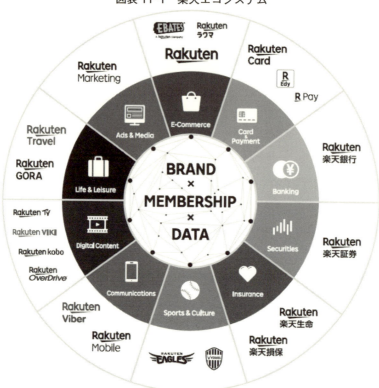

されています。その他、証券や銀行事業も行っています。スポーツ関係では、東北楽天イーグルスやヴィッセル神戸のスポンサーを務めています。

　今のインターネットの業界は、単体の事業で展開するというよりも、グループで顧客を囲い込んでビジネスを成功させていく、という大きな流れになっています。

　楽天の事業は、フルラインナップに近いサービスを揃えて、顧客ごとに適したサービス利用してもらい、それに応じたポイントを付与する、そして多くの場面で楽天を利用してもらう、という仕組みになっています。

　これは楽天のみならず、Amazon や Yahoo! も同じような事業展開をしてい

ます。そのようにインターネット業界の中では各社、多角的にサービスを展開し、顧客を囲い込んでいます。その背景には、共通のブランドやメンバーシップ・ポイント、顧客データがあり、顧客データについては、自社サービスを多く利用してもらうことにより、利用者のデータが豊富になります。例えば、特定地域への海外旅行の情報が楽天トラベルから入ることで、彼らにターゲティングし、その方々に旅行の準備のためのグッズや保険の推奨が可能になります。

日本から海外に事業展開していくにあたっては、台湾、アメリカ、ドイツ、フランス、ブラジルなどのECの会社を買収しています。楽天のエコシステムは、世界に広がって展開しています（図表11-1）。

2. 楽天市場のマーケティング

ここからは、楽天市場事業についての説明をします。

楽天市場はショッピングモールのようなもので、お店側が楽天に出店する形を取っています。そのため、注文の受注や実際に商品を発送する業務は基本的に店舗側が行っています。また、商品を実際に開発するのも各店舗が行っています。楽天側は、店舗が活躍できる場を提供するプラットフォームという形を取っています。

楽天市場が目指しているところは、ただ買いものをするだけはなく、実際に店舗のユニークさや商品購入後に店舗から実際に届く手紙など、人を感じるようなECサイトです。言い換えると、新しいものを発見できる「市場（いちば）」のようなサイトです。そのため、自動販売機のようなただ販売するだけのドライなものは目指していません。そのような経験を通じて掲げたミッションは、「Shopping is Entertainment」。お客様に楽しんで買うことを体験していただくことです。しかし、目標として掲げているものの、まだまだより良い仕組みにできるところはあると考えており、日々試行錯誤しています。

楽天のビジネスモデルには、3つのプレーヤーがあります。「楽天」、「店舗」、「顧客」です。楽天は店舗のサポートをして、実際のサービスは店舗が顧

客に提供しています。マーケティングは基本的に対消費者であるため、楽天と顧客の関係性に対して責任を持っています。楽天は、各店舗の工夫を尊重しています。そのような構造を楽天は「Empower」と呼んでおり、彼らに力を与えて社会を元気にすることを、ビジネスの成功と共に推進していきたいと考えています（図表11-2）。

　創業して21年経っているため、ビジネスとして成熟してきています。当初はベンチャー企業として始まり、ECが立ち上がったころは前年比で何十％増という成長が当たり前でしたが、競争も激化し、そのような成長を維持する事はチャレンジングになってきています。ただ、インターネット業界には新たな企業が出てきているので、そういった企業に負けないようにするため、今まで以上のスピードで進化をすることが今後大切になってきます。

　ここからは具体的な施策の例について、お話をさせて頂きます。まずは楽天スーパーセールについて。われわれのビジネスでは店舗様に商品を安く出品して頂く形になりますが、楽天側はスーパーセールへの店舗の参加を促し、セー

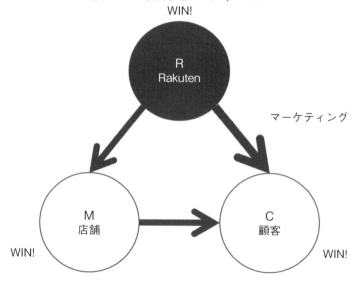

図表11-2　楽天市場のビジネスモデル

ル開催前に決起会を開催し、いつが売り時かなどのセールに関する説明をして、店舗のセールという商機に対するモチベーションを上げて頂いております。また、セールでもポイントが付く、買えば買うほどポイントの倍率が上がる仕組みを導入しています。その意図は、より多くの購買をしていただきたいというものですが、顧客には購入した店舗数に応じ、買えば買うほど得になるシステムになっています。CMに関しては目的に応じていくつかの種類を出しています。もともと展開しているものはオーソドックスに商品を軸にしたCMですが、最近では「巨大すぎクリスマスツリー」のように、意図的にくだらないものにして、より興味を持っていただく事を目指しています。また、新しい顧客を引き付けるために複数の訴求メッセージを調査にかけ、結果的にもっともレスポンスの良かった「ナンバーワン」というメッセージ性のものを合わせて展開しています。

　次に、サッカーのFCバルセロナとのスポンサーについて。このような取り組みでは直接的に購買に結び付けようとするだけでなく、サッカー好きな人にも楽天を好きになってもらうために、バルセロナの選手に来日してもらってイベントを開催したり、事前に当選した顧客に選手と握手をするなどの思い出や出会いの場を創出しています。それに加え、スポンサーシップの認知度を広げるため、楽天カフェの一部を改装しFCBテイストにし、そこを活用したコンテンツ制作／配信を行っています。また、単に好感度を上げるだけではなく、ゴール数の予測とポイントアップを連動させたキャンペーンなどにより、最終的に購買に繋がるような仕組みも取り入れています。

①露出

　マーケティングにおいてはデータやテクノロジーが必要不可欠であり、個人ごとに最適化されたプロモーションをしていく必要があります。初めて楽天のサービスを利用する人に徐々に楽天を好きになってもらい、最終的にはロイヤルユーザーになる、というシナリオを組み、段階的にアプローチを変えて顧客育成をしています。楽天自体の認知度は98％あり、問題ではありません。しかし、特定のサービスやプロモーション単位での認知が少ない部分はあり、そ

図表 11-3　中期的顧客育成

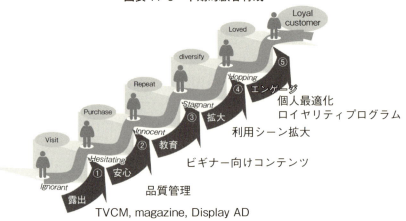

の露出を図るため、マス広告を使って認知度を上げることが有ります（図表11-3）。

②安心

安心品質管理に関して、基本的にECは大きな品質のリスクのある事業分野ではありません。しかし、顧客のニーズを満たし、ロジスティクスや価格的に、安心感をもって選んで頂けることを実態およびコミュニケーションの改善を推進しています。

③教育

楽天で初めて買って頂いた顧客に対してのビギナー向けコンテンツでは、多量の広告宣伝ではなく、素直な感謝の気持ちや楽天自体の魅力を伝えるようなイメージを重視しています。

④Repeatと拡大

また、1回の買い物で用が済まないように、クーポンをつける等、2回目の購買を促進しています。加えて、メールの量が多くなりすぎないように、間隔

を置き一定期間ごとに5つ程度のメールを分散してお送りしています。これはシナリオメールと呼ばれ、テーマは1つずつ変え、楽天のことを理解してもらうようにしています。

⑤エンゲージメント

　これらのシナリオメールなどの個人最適化されたマーケティングをするためには、冒頭で述べた通りテクノロジーが必要であり、多数ある事業のデータを活用する必要があります。顧客情報を管理し、個人の属性情報に加え、どこの楽天グループのどの事業を利用したのか、過去のキャンペーンでどのようなものに反応したのか、というデータを蓄えます。コンテンツでは、ターゲットごとに顧客に見せるもののデータを蓄えており、店舗関連の情報では、「商品はどの層の顧客に人気があるのか」、「ジャンルはどこに属するのか」を整理しています。これらのデータを加工して、顧客とタッチポイントをマッチングします。また、顧客が使用するチャネルも異なっており、楽天のアプリ、メール購読者、SNSのそれぞれに対し、施策の目的に適した情報を提供しています。その中でもこちらからの情報提供頻度が多くなるとブロックされる可能性があるので、顧客情報・コンテンツ・店舗入力情報データで反応を蓄え、精度を上げ、お客様に喜んでもらえる情報を提供します。

　顧客にお勧めする訴求点では、楽天市場だけではなく、グループで戦うという文脈にのっとり、どのように楽天市場以外のサービスを活用してもらえれば、どのくらい楽天市場での利用金額が増えるのかを分析しています。そのため、楽天市場の立場から楽天の他サービスをおすすめする活動もしています。例えば、楽天カードを所有していただければ、貯まったポイントを楽天市場で使ってもらえます。プロモーション観点では、楽天スーパーセールで低価格の購入機会やクーポン等の便益を感じてもらうこと。デバイスにおいては、アプリをインストールしていただくことで通知を送る。スマホを立ち上げた時にアイコンが表示されることで楽天を想起してもらえ、接触回数が増えます。楽天市場は楽天の中心の事業であり、月間1,000万人以上の方に買っていただいて

いるが、この会員の方々に他事業を使ってもらい、育成をする。他事業が育成されることで楽天市場の利用金額が伸びる。そうすることでグループとして拡大していきます。

3. ケーススタディ（ガールズアワード）

ガールズアワードは、日本で最大級のファッション、音楽のイベントです。楽天はこのイベントの冠協賛をしています。1日で3万3,300人、主に、15歳から29歳の方が来場します。参加者は、企業のブース体験やアーティストのライブを見ることができます。今回は、3回目の冠協賛イベントの内容をご紹介します（図表11-4）。

ガールズアワードでは、ウェブとリアルイベントの連動、O2Oマーケティングを行いました。インターネットを介さないで行うプロモーションがオフライン。テレビや雑誌、また今回のようなリアルイベントも該当します。一方オンラインでは、SNS、自社サイトでのキャンペーン等が例として挙げられます。つまりこれらのオンラインとオフラインを連動させ、集客を図り、購買までの道筋を立てるのがO2Oマーケティングです。

過去2回のイベントで浮かび上がった課題がありました。それは、イベントに参加している目の前の既存顧客だけではなく、見込み顧客、潜在顧客にも楽天市場としてアプローチするにはどうすればよいかという課題でした。そのた

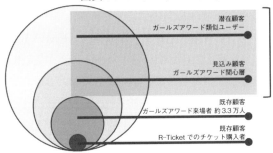

図表11-4　ターゲット選定（見込み顧客・潜在顧客）

め今回はウェブを強化して、ガールズアワードの見込み顧客、潜在顧客にも楽天市場を利用してもらうことを目標としました。

チケット販売サービスである楽天チケットで、ガールズアワードチケットの購入者が何を買っているのかを調べました。結果は75%以上が女性で、29歳以下が60%。チケット購入者はファッション、インテリア、コスメの閲覧が多いという分析結果でした。しかし、実際の購買はコスメが多く、コスメカテゴリーの強化をすることで効率的に売上を増加させることができるのではという仮説を立てることができました。しかし、これらはあくまでもチケットを買ってくれた顧客（既存顧客）の分析結果です。そのため、それ以外の客（見込み顧客、既存顧客）へのアプローチが必要でした。そのため、カスタマーDNAという楽天のユーザーデータベースを活用し、関心層は何に興味があるのか分析した結果、ファッション・コスメが上位であり、既存顧客と同じ興味関心があることが分かりました。また見込顧客、潜在顧客は400万人おり、スケールメリットが出せることも分かりました。

施策のポイントは3つです。1つ目はオンラインとオフラインを連動させ、O2Oマーケティングによるスケールメリットを出すこと。2つ目はコスメ・ファッションカテゴリーの購買想起を強化すること。3つ目は見込み顧客、既存顧客にフィットしたコンテンツを提供することです（図表11-5）。

まずは、オフラインのプロモーションです。潜在顧客層は、あまり楽天を知りません。そのため、楽天をより身近に感じてもらうために、楽天のアイコンになっているお買い物パンダのバルーンオブジェを設置し、フォトスポットにすることでSNS拡散を促しました。また、帰りにノベルティの詰まったお土産袋に広告を掲載して提供しました。見込み顧客には、コスメに関心がある来場者に向けて、ステージ上でコスメの訴求をしました。モデルのオススメコスメや、お得なキャンペーンの告知を行い、楽天でコスメを買えるという想起をより強く訴求しました。ブースでのトークショーでは、久間田琳加さんが登上しました。また、体験コンテンツでファンになってもらうために、コスメのつかみ取りや、コスメをメインにしたフォトスポットを設置し、キャンペーンの告知を行うことで楽天でコスメが購入できるという訴求を強化しました。

図表 11-5　顧客ファネル別 O2O プロモーション

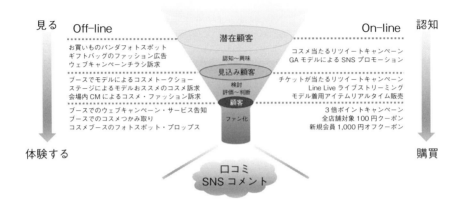

　オンラインのプロモーションでは、潜在顧客層にイベントを知ってもらうことが重要なので、ガールズアワードのモデルをキャスティングし、彼女たちにキャンペーンの告知をしてもらいました。主にコスメ・ハッピーバック・キャンペーンというオンライン施策での告知です。豪華なコスメを何パターンか用意し、600名に当選する抽選キャンペーンを実施。リツイート数が増加すれば当選者がアップする仕組みで、顧客の関心を引きました。その結果、リツイート数は過去最高になりました。オンライン上のガールズアワード見込み顧客は、サイトへ行き、どのようなモデルが出演しているのかチェックする人や、ラインライブで視聴している人などが該当します。そのため、実際にラインライブを活用し、ステージやブースコンテンツの紹介、またモデルの着用アイテムを、オンラインでリアルタイム販売しました。最後に、顧客になってもらうために、楽天市場で買ったらお得だと思わせる機能的なバリューを提供しています。例えば、新規会員には1,000円オフのクーポン、既存顧客には100円オフのクーポンを付与し、最終的に購入を促す設計にしました。

　潜在顧客、見込み顧客のフェーズを理解するため、オンライン、オフラインでの施策をご説明しました。潜在顧客には、認知をとるため、オフラインでは「見てもらう」コンテンツ、オンラインではガールズアワードのモデルに告知

してもらい、多くの方々に認知してもらえる機会を設けました。一方、見込み顧客は「検討してもらうフェーズ」であり、興味はあるが購入するか迷っている顧客が該当します。そのためオフラインでは、コスメのトークショーでモデルの話を聞いてもらい信頼度を上げる施策、オンラインではラインライブ、リアルタイム販売を実施し、顧客ファネルの深層へスムースに流れるように設計しました。そして最後に顧客化施策として、オンライン、オフラインでキャンペーン、3倍ポイント、100円クーポン等の告知を行い、購買の後押しをしました。その結果、前回比売上、訪問者数、購買率、客単価等が大幅に上がり、大きな成功を収める事ができました。

第12章
E-COMMERCE MARKETING REAL REPORT

石川　森生

1. ディノス・セシールについて

　会社が現在の形になったのは 2013 年のことで、それまではディノスとセシールは別々の企業でした。カタログ通販事業、テレビ通販事業を生業としている企業です。

　ディノスはフジテレビの番組内における通販コーナーから端を発しています。創業当初は数百万円もする着物などを番組内で販売していました。その後、カタログ通販事業を開始します。取り扱い商材としては、家具・インテリア系をメインとしつつ、アパレルや日用雑貨、家電、美容健康グッズ、食品など幅広く扱っています。MD の特徴としては、バイヤーが厳選した目利きアイテムを中心に取り揃えています。

　セシールは 1980 年代にテレビ CM に多くの予算を投下しており、特に CM の最後に流がれるフランス語のサウンドロゴについては、現在においても全体で約 8 割の認知、40 代以上では実に 9 割以上に認知されているほど、みなさまに親しみを持っていただいています。なお、サウンドロゴのフランス語は「愛と信頼をお届けする」という意味ですが、このフランス語がいわゆる空耳としてどのように聞こえるかということが長年言われてきました。そこで今回、空耳をコンテンツとした動画を制作したところ、自社サイトや YouTube などで非常に多く再生され話題になり、多くのサイト来訪を獲得することができました。

ディノスが目利きバイヤーのセレクトショップとすると、一方のセシールはものづくりの会社です。今で言う SPA（製造小売）に近い、自ら製造能力を持って、かつそれを自社で流通までさせるという戦略を 50 年近く前から行っています。女性もののインナーなどがメインの商材ですが、ディノスと同様にいわゆる総合通販と呼ばれており、幅広い商品を取り揃えています。

元来が別々の企業ですので、現在でも本社、物流倉庫はそれぞれ構えています。一方で、コールセンターについては関係会社があり、沖縄と札幌の拠点でディノス、セシール両方の受電業務を行っています。

2. EC の成長性

日本の BtoC の EC（電子商取引）市場規模は、2016 年に 15 兆円を突破しました。しかし、EC 化率は 5% 程度であり、残りの 95% は店舗などでのリアル消費です。分野別の成長率については、物販系は 10% ほどで伸びています。また、商品カテゴリー別の EC 化率はファッションで 11% 弱、成長率は 10% 強となっています。食品の EC 化率は低く 2% 程度ですが、成長率では約 10%。生活家電などの EC 化率は約 30% と高く、成長率はやや鈍化して 9% 弱となっています。酒類はオンラインでの購入において年齢の認証などが必要と

図表 12-1　分野別の市場規模および EC 化率

	2014 年	2015 年	2016 年	伸び率
A. 物販系分野	6 兆 8,042 億円 (EC 化率 4.37%)	7 兆 2,398 億円 (EC 化率 4.75%)	8 兆 43 億円 (EC 化率 5.43%)	10.6%
B. サービス系分野	4 兆 4,816 億円	4 兆 9,014 億円	5 兆 3,532 億円	9.2%
C. デジタル系分野	1 兆 5,111 億円	1 兆 6,334 億円	1 兆 7,782 億円	8.9%
総計	12 兆 7,970 億円	13 兆 7,746 億円	15 兆 1,358 億円	9.9%

（出所）平成 28 年度　我が国におけるデータ駆動型社会に係る基盤整備（電子商取引に関する市場調査）

なる関係で、EC化率は伸びづらい一方で、家電などはショールーミングなどの影響でEC化率が高くなっています。ショールーミングとは、店舗等で実物を見たり値段交渉をし、結果として購入はオンラインで行うといった行動のことを指します（図表12-1、12-2）。

世界のEC市場ランキングを見ると、1位はアメリカではなく中国です。淘宝網（タオバオ）では11月11日の独身の日に年に一度の大きなセールイベントを行いますが、1日で3兆円を売り上げるほどの規模です。日本は4位につけています。EC化率で見ると韓国が一番高く、2番目にイギリス、3番目に

図表12-2 物販系ECのカテゴリー別市場規模

	2014年		2015年		2016年		前年比伸び率(%)
	EC市場規模(億円)	EC化率(%)	EC市場規模(億円)	EC化率(%)	EC市場規模(億円)	EC化率(%)	
衣類、服装雑貨等	12,822	8.11%	13,839	9.04%	15,297	10.93%	10.54%
食品、飲料、酒類	11,915	1.89%	13,162	2.03%	14,503	2.25%	10.19%
生活家電、AV機器、PC・周辺機器等	12,706	24.13%	13,103	28.34%	14,278	29.93%	8.97%
雑貨、家具、インテリア	11,590	15.49%	12,120	16.74%	13,500	18.66%	11.39%
書籍、映像・音楽ソフト	8,969	28.12%	9,544	21.79%	10,690	24.50%	12.01%
化粧品、医薬品	4,415	4.18%	4,699	4.48%	5,268	5.02%	12.11%
その他	2,227	0.56%	2,348	0.63%	2,572	0.75%	9.54%
自動車、自動二輪車、パーツ等	1,802	1.98%	1,874	2.51%	2,041	2.77%	8.91%
事務用品・文房具	1,599	28.12%	1,707	28.19%	1,894	33.61%	10.95%
合計	68,043	7.37%	72,398	4.75%	80.043	5.43%	10.6%

（出所）経済産業省 平成28年度 我が国におけるデータ駆動型社会に係る基盤整備（電子商取引に関する市場調査）

アメリカと続きます。日本のEC化率5％ほどは決して高い順位ではありません。逆を言えば、日本のEC化率には伸びしろがあると言えます。1位の韓国のEC化率はすでに20％に達するとされ、この先もまだまだ伸びるという考えと、そもそもEC化率というのは20％ほどで停滞するという考えに分かれますが、少なくとも日本はまだ5％程度ですので、これからも成長が続くと考えられます。

3. ECの外部環境

次に、EC業界のトレンドについてお話しします。これまではサイトの売上を上げる方法として、UI・UXの改善PDCAを高速で回し…といった、サイトの使い勝手をいかに良くするかというところに注目が集まっていました。ところが最近ではサイトの中だけにとどまらず、さまざまな付加的サービスにおいて競争が行われています。例えば、ユーザーが個々のサイトでそれぞれアカウントを作るのは手間がかかるということで、Amazonや楽天などのプラットフォーマーがIDやポイントなどを統合するようなサービスを展開しています。さらにプラットフォーム同士の競争は激化し、即日配送やポイント云倍といったサービスでしのぎを削っています。しかしながら、こうした施策は本当にサスティナブルなのでしょうか？

即日配送の話に関してはすでに問題が顕在化しており、働き方改革の推進や再配達問題などで、ヤマト運輸がAmazonからの仕事を受けなくなることがニュースになりました。その後も配送料の値上げ圧力は増す一方で、通販やECを営む事業者にとって大きな課題となっています。実は、われわれ生活者が簡単に依頼する再配達は、かなりのコストがかかるサービスです。しかし、再配達をお願いしても、われわれは追加で1円も払っていません。確かに、すぐに届いたら便利なものもあります。しかしながら、大抵のものはそんなに急ぐ必要はなかったりします。業界としてのサービス基準が過剰なレベルになっており、結果として運営に無理が生じている状況です。過剰なコストは生活者に転化せざるを得ないところまできてしまっています。つまり、最終的に損を

しているのは生活者であるわれわれなのです。

　ポイントについても同様のことが言えます。各社大きなキャンペーンを実施する際にはポイント還元20倍などを実施していますが、だんだんと生活者の感覚がマヒしてきてしまい、普通のポイント1%還元くらいでは何も感じなくなっています。一般的に、小売業の営業利益は1～5%程度です。普通に考えれば、ポイントを20倍などで戻せるはずがないのです。20倍にするのは20%値引きをしているのと同じはずなのに、それがないと競争にならなくなっています。それくらい価格競争は熾烈になっています。結局それが回り回って原価に跳ね返ることになるので、つまりは、生活者が損をしているのです。こうした状況を受け、マーケットとしてこれはおかしいということで、次の流れが起きています。

4. 次なる潮流1（第4次産業革命、Connected Industries）

　それが第4次産業革命と呼ばれるものです。第4次産業革命は革命と呼ぶには地味なものかもしれません。これまでの産業革命のように革新的な発明によってもたらされる革命ではないからです。既にあるもの同士をつなげて、新しい価値を生み出しましょうというものです。

　経済産業省が提唱するConnected Industriesには5つの重点取り組み分野があります（図表12-3）。この中に、スマートライフというのがありますが、IoTもこの中に含まれます。例えば、インターネットが家電と繋がって、冷蔵庫であれば足りなくなった食材をアプリで教えてくれて、特売日にそれを通知してくれる。また、冷蔵庫に入っている食材で作ることのできる料理のレシピが届く、などがサービスとして考えられるかもしれません。エアコンの場合には、外出先からでも操作ができ、帰宅時には快適な環境を作っておくということが可能です。その他、Amazon Echoなどの音声認識系デバイスに話しかけることで照明のスイッチのオンオフが可能になったりもしています。自動車産業においても、自動運転の試験が世界中で行われています。車自体は100年以上前からありますし、コンピュータ技術も第3次産業革命で登場したもので

図表12-3 「Connected Industries」5つの重点取り組み分野

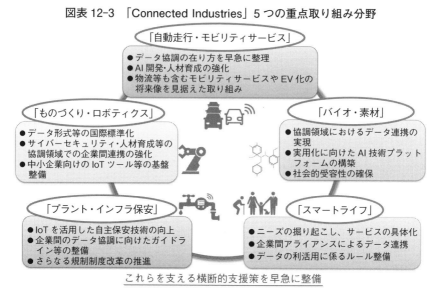

（出所）経済産業省「Connected Industries」東京イニシアティブ2017

す。このように、第4次産業革命における革新性は、一つひとつの技術におけるものではありません。以前からあるものを連携させることで新しい価値を作りだす取り組みなのです。そういう意味では、第4次産業革命は非常に大きなチャンスの時代なのです。ゼロから新しい革新的な発明をすることは難しくても、既存のもの同士を繋げて新しい価値を生み出すことはできるかもしれません。

これが今まさに起きている革命の正体です。農業の分野では、青森県のベンチャー企業がITを活用した農業を実践しています。さらに、自治体や大学、金融機関などが連携して、AIや人工知能、ロボット技術などが農業の分野に持ち込まれています。結果として、効率性の向上のみならず、全く新しい生産手法が生まれるかもしれません。この革命によって、現在われわれはターニングポイントを迎えていると言っても過言ではありません。EC戦略を考える上でも、EC単体で考えるのではこの先が危ぶまれるということです。

5. 次なる潮流2（CX、NEW RETAIL、OMO）

　また別の観点から次なる潮流を見ていきましょう。言葉としてはCXというものです。CXはカスタマー・エクスペリエンスの頭文字です。CXという概念がマーケティング業界に浸透し出したのはここ4、5年のことだと思いますが、CXの前に盛んに議論されていたのはUX、ユーザー・エクスペリエンスです。UXを端的に言えば、サイトの使い勝手のことです。インターネットユーザーが、そのサイトを通してどういった体験ができるのか。検索性が高くて使いやすく、少ないクリックで購入ができてしまう。そういったサイトの完成度を磨く取り組みがUX向上のために行われていました。対して、CXの対象はユーザーでなくてカスタマーです。概念的な説明になりますが、ようするに「ウェブかリアルかというのは関係ないよね」ということです。先述の通り、ECを通じた売上というのは全体の5%程度しかありません。そのため、インターネット上のユーザー・エクスペリエンスだけを議論にしていても、残り95%を見ていないことになってしまいます。生活者はインターネット上で生きているのではなく、リアルに生きているので、リアルでの活動を含めたトータルのサポートをしていく必要があります。その中でECをどういう位置づけにすべきか、ということが議論されるようになっており、それがCXという概念を中心に拡がってきています。

　44%と4%という興味深い数字があります。44%はアマゾンが全米のECにおいて占める売上シェアを指しています。つまりアメリカでは、インターネット上で物を購入する際に、半分近くがアマゾンで行われていることになります。次の4%は、アマゾンが全米の小売業の売上高に占める割合です。アメリカ全体の4%を1社が持っているのは十分驚異的ですが、ECに占める割合から比べると一桁違うわけです。つまり、インターネットに閉じてサービスを完結させるということに、果たして意味があるのかということを表す数字なのです。私はECの専門家としてずっとやってきたのですが、これは危機的な状況です。「お前のやってきたことはあまり価値がないね」と同義だということで

す。

　次のキーワードは NEW RETAIL と OMO です。OMO は Online Merges Offline の略で、ようするにオンラインがリアルな場に上手に交わっているという意味です。また、淘宝網を運営するアリババの創始者であるジャック・マー氏は上述の通りインターネットの中で1日に3兆円も売るような会社を作りましたが、その彼が「これからは NEW RETAIL 戦略だ」と発言しました。彼らが NEW RETAIL 戦略として行ったことの1つに、会員制の生鮮食料品のスーパーがあります。これが AMAZON の実店舗と並び、現在世界で最も先端を行くコマースの形だとも言われています。このスーパーで実施されているサービス一つ一つは、皆さんが思うほど画期的ではないかもしれません。例えば、買った物が重くて持っては帰りたくない場合に、30分以内に自宅に届けてもらえるサービスや、その場で買った食材を自分好みに調理してもらえるサービスなどです。聞くだけではそんなに難しそうな感じがしません。しかし、オンラインでの会員情報から趣味趣向が把握されていたり、30分で顧客の家まで商品を配送するための最適なルートが計算されていたり、シンプルなサービスの裏側でとても大変なテクノロジーが使われています。体験すると、どこにテクノロジーが使われているかよくわからないかもしれません。そういう意味ではエアコンでも同様です。ボタンを押したら部屋の温度が最適になりますが、本来はすごいことです。すごいけれど、私たちは生まれたときからエアコンがついた部屋で暮らしているので、あまりすごさに気づいていないかもしれません。この NEW RETAIL も同じです。現在の革命は気づかないうちに進む革命なのです。

　さて、その流れを受けて、当社が今取り組んでいるのがカタログを進化させる取り組みです。なぜ私がディノス・セシールに入社したかと言うと、これまでやってきた EC の限界を肌で感じたからです。特にこの10年、EC 業界の伸びは驚異的でした。どこに行ってもそのノウハウを求められていました。しかし時代は目には見えづらい形で、しかし劇的に変化しています。「この先の10年、20年を考えた時に、自分のマーケットバリューを果たして維持できるの

か」と考え始めたのは3年ほど前からです。私が代表を務めていた会社の社員にも、「このままECだけでやっていると、今は良くても、この先仕事がなくなるかもしれない」という危機感を共有していました。もっとリアルでフィジカルな接点を顧客と共有できるようなチャネルが必要だと考えていました。

しかし、ベンチャーがリアルのタッチポイントを築くのはとても大変です。コストのかかり方がウェブとは全く違うからです。そのため、もともと顧客とのリアルな接点を持っていて、かつConnected Industriesの考え方でインターネットとのつながりがまだ弱いマーケットがどこかということを探していました。そんなことを考えていた時に出会ったのが、ディノス・セシールです。

6. 紙媒体＝カタログによる通信販売

学生の皆さんは紙のカタログを取り寄せて、それを見て買い物をした経験はおそらくないのではないでしょうか。

ここに面白い研究があります。透過光と反射光による脳の働きの違いというものです（図表12-4）。透過光というのは、例えばディスプレーのように自ら発光するものです。逆に反射光はあくまで光を反射して目に見える光です。真っ暗な部屋にいても見えるものが透過光、見えないものが反射光です。スマホは透過光で、本は反射光です。反射光と透過光を脳で受けた場合、脳の動く場所が違うという研究です。ポジショントークに聞こえるかもしれませんが、紙媒体のような反射光で情報を伝達する方が、脳のある部分がより活性化します。その活性化する部分が、購入などの複雑な意志決定にとても重要な部分だということが分かっています。つまり、ECでは図表12-4に見られるような脳の働きをもたらすことは難しいということです。そのため、紙というものは大事なことを伝えたり、物を売るための手段として実は有意義そうだ、ということです。これは、ニューロ・マーケティングという脳科学で説明されています。脳の重さが体重に占める割合としては2%しかありません。一方でカロリーの消費で言うと、20%を脳が消費しています。脳は、実は10万年くらい進化していません。10万年がどれくらいの時間の長さかピンときませんが、

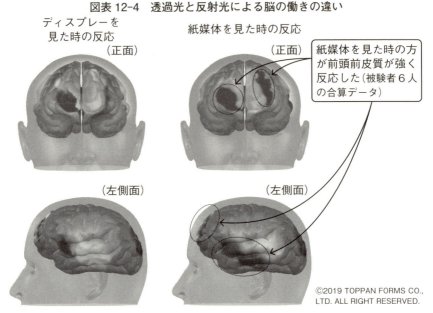

図表12-4 透過光と反射光による脳の働きの違い

（出所）トッパン・フォームズ株式会社「紙媒体の方がディスプレーより理解できる」ダイレクトメールに関する脳科学実験で確認（ニュースリリース）

　10万年前の脳とわれわれの脳は差がありません。そうであるあるならば、この先、テクノロジーの進化があったとして、10年、20年以内にこの脳の動き自体を変えられるかというと、おそらく難しいのではないでしょうか。可能性としてはゼロではないでしょうが、それに賭けてECに特化しようというのは判断が甘いと思います。ニューロ・マーケティングの研究からも分かる通り、フィジカルな体験、リアルな体験を軸にインターネットをどう活用するべきか考える必要があるという認識が必要です。

　ただ、既に十分フィジカルな体験を提供しているカタログ通販という業界全体が苦境に立たされています。「なぜカタログ通販がしんどい状況にあるのか」に対する私なりの答えは、「可処分時間の奪い合いに負けているから」というものです。「紙の力が弱くなった」とか、「紙が脳を動かす力がなくなった」という話ではなくて、家で時間ができたときに何をするかという選択肢に、カタ

ログを見るというものが含まれていないという問題だと考えています。私たちの年代は、家でテレビを見ていました。少し前の方々はラジオをつけます。きっと皆さんは、中にはテレビが好きな人もいるとは思いますが、スマホでSNSかYouTubeを見るかではないでしょうか。きっとインターネットに繋がっている時間が長いのではないかと思います。つまり、カタログを見るよりも、もっと面白いコンテンツが皆さんの手の中にあるということです。われわれの戦略は、皆さんの手の中にあるコンテンツと比べて、カタログを見る体験を相対的に面白くできないか、というものです。カタログを見る時間さえ作ってもらえれば、脳を動かすことができることはわかっています。生活者が時間のできたタイミングで"カタログでも見るか"と思ってもらえるような何かを作れないか、ということで、私が入った2年前からカタログを「現代化させる」プロジェクトを進めています。

　デジタルマーケティングがなぜこんなに発展したかということのひとつに、"パーソナライズ"が挙げられます。ウェブ上ではいろいろなデータが取得できるため、誰がいつどこで何を見て、どのように商品購入を進めていくのか、というデータも取ることができます。裏側では、マウスの動きもすべてトラッキングすることができます。顧客がどのタイミングで購入するのかは、ウェブの中だけであれば比較的推測ができます。インターネットの世界では、例えばニュースを読んでいる時に、自分が過去に見た別のサイトの商品が広告として表示されているのを見た経験があるのではないでしょうか。あれは全員に同じ広告が表示されているわけではなく、一人ひとりに合わせたコンテンツがパーソナライズ化されて配信されています。一方、カタログは行動データが一切取れないメディアです。どの顧客にカタログをお送り、誰が商品を買ったのか、もしくは買わなかったのか、という実績データは取得可能です。しかし、中間データ、その人がカタログを開いたのか、どのページをいつのタイミングで見たのか、というデータが一切計測できていません。最近ではカタログを見る顧客の中にも、購入はECを使ってくださる方が結構いらっしゃいます。ディノス・セシールは、インターネットを経由した売り上げが50％を超えています。つまり50％以上は実はウェブで購入されているということです。ということ

は、半分の顧客の行動データが取得できています。それを使って、一人ひとりに合った形で、紙媒体を1to1かつリアルタイムに届けられないか、ということに挑戦しています。われわれの目指すべきCXの全体像というのは、カタログなどの紙媒体とECの間を行ったり来たりしてもらうことで行動データを取得し、お客様にとって一番心地良い買い物体験を提供していく、ということです。

7. ディノス・セシールの取り組み

1つの事例として、ハガキで「DM（ダイレクトメール）」という企業からの通知物が届くことがあるかと思います。通常、企業が顧客に対して、例えば「セールがあります」という告知をしたい場合には、DMのハガキを印刷してポストに入れお客様に届けるまでに、だいたい2週間くらいかかります。しかし、デジタルマーケティングの立場からこれを見ると、非常に違和感があります。お客様の趣味趣向や課題、ステータスはそれぞれ異なるにもかかわらず、同じ内容のオファーが、一斉に同時に行われているからです。

そこで、ウェブのテクノロジーを使って、デジタルマーケティングと同じアプローチで紙を操ることができないかと挑戦したのが図表12-5の取り組みです。CXを良くしようというよりは、正直、実験的意味合いのほうが強いものでした。当社のサイトの中でカートに商品を入れたお客さまの何割かは、残念ながら購入に至らずにサイトから離脱されます。これをわれわれは「カート放棄」と呼ぶのですが、実はカート放棄をしたお客様に自動でメールが届くシステムが動いています。5年ほど前から世界的にも一般的になっている仕組みです。「お買い忘れじゃありませんか」や「＋5％クーポン」などがメールで自動的に送られてきます。先ほど紙媒体であるハガキは2週間かかると言いましたが、それを縮める方法があります。デジタルプリンターを使います。もしかしたら、一般的には印刷というとデジタルプリンターが先に浮かぶのかもしれませんが、商業印刷はオフセット印刷が主流です。例えば新聞を作る工程の映像などで、大きなロール紙が回っている印刷のイメージを見たことがあると思

図表 12-5　1to1 ハガキの例

います。新聞などはオフセット印刷といって、版を作って印刷します。印刷のクオリティが高く比較的安価になるので、商業印刷では現在でも広く用いられています。これまでのデジタルプリンターは、相対的にクオリティとコストに課題がありました。それが最近の技術進化によって改善されてきており、商業印刷にも利用できるようになってきました。デジタルプリンターであれば、電気的な指示を送った瞬間に印刷されるため、究極は24時間以内に印刷物をお客様に届けることができます。こうして、カート放棄をしたお客様のタイミングに合わせて、それぞれがカートに投入した商品を1to1に印刷するという実験をしています。

　結果として、かなり良い成果が出ていますが、カートに入った商品に関する情報が次の日にポストに入るのは気持ち悪いという声もあります。顧客にとってそれがベストな体験かと言われると、CXをやや無視したものになっているかもしれません。しかしながら、この実験が果たした役割は大きく、「今までできないと思われていたことが、新しい技術と既存のものを組み合わせること

によって実現できる」という1つの事例になりました。実験を繰り返して、今ではハガキだけでなく、小冊子の形状でも実現できるようになっています。私たちが行っている取り組みの1つには、過去に購入してくださった商品を表紙に印刷し、毎日の着こなしの参考になるようなコーディネートの追加提案を、冊子にしてお届けするということを行っています。AIを活用し、インスタグラムから類似商品を用いたコーディネートを自動で引っ張ってくる技術を使っています。例えば、バルーン型のスカートであれば、似たような形のスカートを使ったインスタグラム上の着こなしをAIが自動で探し出し、「オシャレさん達は今こういう着こなし方をしています」という情報として集約して、印刷して送るということをやっています。今までのカタログというのは、みんなに同じものを同じタイミングで送っていましたが、今後は一人ひとりにあったタイミングに、一人ひとりにあった内容で、パーソナライズ化された紙媒体を出すことも可能になっています。デジタルマーケティングの手法と、脳を刺激する強みを持つカタログを繋ぎ合わせる。これがディノス・セシールにおけるEC戦略です。

第13章
Marketing in Shop Japan

加藤　裕一郎・稲垣　みずほ

1. ショップジャパンについて

　当社は、通信販売ブランドである「ショップジャパン」を通じ、世界中からいろいろな新しいものを日本に持ってきて、販売を行っている会社です。テレビの放送時間が終了し、画面が砂嵐状態になる深夜時間の枠を買って、アメリカなどで売れている製品の、通信販売をするビジネスをつくってきました。ビジネスを始めて20年以上となります。ショップジャパンの商品は、すべて日本における独占販売権を持っているので、テレビ通販で販売されている商品が、ほかの会社から売られていることは基本ありません。テレビ通販と言っても、ジャパネットたかたさんとは違い、ほかの企業のものを販売するのではなく、独占販売権を獲得し、自社でブランディングをし、CMも行い、自分の製品のように育てて売っている会社です。

　例えば、ショップジャパンの有名な商品のワンダーコアは、当社が日本における独占販売権を持ち、日本でヒットさせることに成功したことから、台湾にあるワンダーコアのサプライヤーは、大幅に業績が伸びました。ワンダーコアに限らず、全商品が該当し、ロングセラーブランドのトゥルースリーパーももちろん含まれます。

　ショップジャパンの商品カテゴリーは、寝具、フィットネス、ホーム＆キッ

チン、DIY（Do It Yourself）、シニア、ビューティーに分類されます。基本的には、お客様が家庭で毎日使い、また数年に1回買うような商品で、ユニークなものを世界から集めています。ユニークな商品でいうと例えば、日本は、そこまで肉文化が盛んではありませんが、韓国の本格的な焼き肉が自宅で焼ける商品のようなものを扱っています。考え方としては、世界の生活文化を日本に持ってきて、ご家庭で使っていただくことが、基本的なポートフォリオです。

ショップジャパンは、以下の4つのキーワードを常に重要にしています。

WOW	驚きのある製品、サービス
Fun	製品を使う楽しさ、買い物の楽しさ
Global	世界中から面白いものを
Variety	毎月、面白い新製品

セラフィットというフライパンは、息を吹きかけると焼いた玉子が、飛ぶというクリエイティブで訴求している商品です。映像クリエイティブを見たお客様からコールセンターに「どうやったら飛びますか」など、たくさんのお電話がかかってきます。実際生活の中では、玉子を飛ばす必要はないのですが、CMを見て楽しいからやってみたい、と多くの方が反応し購入しています。このように、買い物に楽しみを持ってもらうことを大事にしています。ショップジャパンは、「ユニークで驚きのある商品をお客様に届ける」というビジネスを展開しています。

2. マーケティングはファネル

マーケティングは、「ターゲットが大事」、「ポジショニングが大事」などいろいろ言われる中で、ファネル（funnel：漏斗）が大事だと思っています。マーケティングにおけるファネルとは、お客様の購入までの意識遷移を図式化したものです。お客様一人ひとりの中にファネルが存在し、そして、ファネルが下りていくごとに、どんどん購買する可能性に近づくということが、マーケティングの中で一番重要であると思っています（図表13-1）。

認知（Awareness）は、知っているその状態（Know）、検討（Consider）は、

図表 13-1　マーケティングの Funnel

興味がある状態で、この段階では自分でブランドや商品を調べようとします。最終的に購買（Purchase）になり、ビジネスとなります。このように、段階的に落ちていくことでビジネスが形成されます。

「認知」の状態では、高いリーチが必要で、そのために有効なのが 15 秒で収まる TV CM です。リーチが獲得できるマス媒体を使い、さらに情報をできる限り簡潔に伝えることで、皆さんの頭の中に認知が生まれます。次の段階の「検討」では、情報量が多くならなければなりません。たくさんの情報を伝えることで、さらに興味を持ってもらえます。最後の「購買」のときは、購買行動を後押しする強い請求情報を伝えることで、行動を起こしてもらうことができます。このように、リーチやメッセージ量が段階的に変わっていくため、ファネルのマネジメントが大事です。

昔のマーケティングは、お客様が認知から購買まで行くのに「どうなっているのか」、今どこの段階にいて、「何を考えて」、「何をしているのか」がわかりませんでした。テレビ、雑誌、新聞、パソコンなどすべてを使い、あとは、買ってくれるのを祈って待つというマーケティングを行っていました。そのため、昔のファネルはとても曖昧なマーケティングでした。

ダイレクトマーケティングは、基本的にダイレクトのレスポンスによって、

マーケティングの活動を変えていくものです。デジタルの普及によって、ウェブ上での行動を細かく収集できるようになりました。例えば、どのバナーに興味を持っているのか、さらにスマートフォンのカメラによって、何を見て笑ったかがわかるようになります。また、メールは人工知能が読んでいるので、どのような言葉を使い、どのようなものに興味を持ったか、グーグルが情報を把握しています。これらによって、広告活動を変えることができます。行動が可視化されることで、マーケティング活動を行うと、「どこに」、「どのお客様が」、「どんなふうになった」のかがわかります。データによってすべての効果検証ができることが、ダイレクトマーケティングの大きな特徴です。

　マーケティングは、計画・実行・振り返りの繰り返しなので、ダイレクトマーケティングは、学問としてマーケティングを4、5倍速いスピードで学べます。

　ショップジャパンが行っている29分のCM（インフォマーシャル）は、この中で認知から購買までを反映させたクリエイティブです。何も知らない人を29分間で説得して、最後に買ってもらうという広告活動をしています。テレビの視聴データは、ネットと連携しており、1分単位でどこで視聴者が増減したのか、そして、その後その問題は何なのか、どのテレビCMが継続的に見られているか、なぜこのCMが良いのかを分析します。この情報をもとに、次のクリエイティブをどう作ればよいのかがわかります。

　また、コールセンターにお電話いただいたお客様に対し、「どのシーンが良かったのか」、「どのシーンが分かりにくかったのか」、「何がきっかけで購買しようと思ったのか」などのクリエイティブへのご意見を聞いています。そのため、このCMをどこまで見て、どこでドロップして、どこで電話がかかってきて、何で買ったのかがすべてわかります。同時に、サーチがどれほど上がったか、サーチした人たちがサイトにどれくらい滞在したかもわかります。そのデータをもとに、「この広告がどうだったのか」、「どう改善すればより魅力的に見えるのか」、「もっと購入してもらえるのか」、さらには、「どれだけ検索数があったのか」がわかることで、サーチをしても購入しなかった人に、違う広告を見せることもできます。

例えば、カラーラという商品は、2つの顔を持っており、1つ目の顔は唐揚げを油なしで揚げること、2つ目の顔は、マルチクッカーでローストビーフをとてもきれいに作ることができることです。カラーラの唐揚げのバナーを見て、買わずに離脱した人に、ローストビーフが作れるというバナーを見せたらどうなるのかを検証できます。そして、その方法が効果的なのか、そうでないのか、すべてわかります。

ダイレクトマーケティングをすることによって、自分たちの行っているマーケティングが、どれだけ効率的、効果的なのかを分単位で見ることのできるところが、ダイレクトマーケティングの素晴らしいところです。マーケティングを突き詰めていきたい人は、ダイレクトマーケティングを頭に入れて、マーケティングを考えると面白いと思います。

3. ケーススタディ：True Sleeper（トゥルースリーパー）

3-1. ダイレクトマーケティングについて

例えば、テレビ通販番組を制作し放映をしたら番組終了後には既にどれだけの受注があったのかがわかり、新聞を出稿したら翌日には何件受注があったのかがわかる。これがダイレクトマーケティングです。ウェブも然りですが、すぐに結果がわかるのでスピード感を持ってアクションとテストを繰り返せるところが、非常に魅力的な手法だと言えます。もう1つ、ダイレクトマーケティングは通販であるため、お客様のデータベースがありながらお客様の声を直接聞ける、という所も大きな魅力です。これはお客様の顧客属性を把握した上で、実際にテレビを見て電話をしてきたお客様から直接「どこの場面で買おうと思いましたか？」というご意見を聞き、具体的なデータの取得が可能なためです。

3-2. トゥルースリーパーについて

　トゥルースリーパーというのは、ベッドもしくは敷布団の上に敷いて使用する、厚さ約5センチの薄いタイプのマットレスです。トゥルースリーパーは「お持ちの寝具の上に敷くだけで寝心地が変わる」オーバーレイタイプのマットレスを中心に展開しているブランドです。

　低反発のマットレスは非常に柔らかく、寝ると体にフィットしますので安定した姿勢で眠る事ができるのが特徴です。マットレスに触れると手形がつくのですが、このぐっと押した手跡がゆっくりと戻る状態が低反発の特性を表しています。この特性で身体がしっかりと支えられることで良い寝姿勢となり、すばらしい寝心地を得ることができるのです。

　トゥルースリーパーは、ショップジャパンの中で最もロングセラー商品であり、今年2019年に16周年を迎えます。販売枚数も600万枚を突破しており、1番誇れるのが97%という高い顧客満足度です。毎年調査をしても90%以上の顧客満足度をいただけているクオリティの高い商品という自負があります。15年以上ロングセラーを続けている中で、2012年度から2017年度の間、売上が伸び悩んだ時期もありました。ただその中で、お客様の声を聞き、それに基づくクリエイティブ改定を加えテストを実施し、もしそれが駄目だったら更なる改定を加えて再度テスト、と繰り返していくうちにクリエイティブがブラッシュアップされてゆき、多くのお客様に買っていただけるきっかけになった事がありました。その当時のクリエイティブのケーススタディをお見せします。

第13章　Marketing in Shop Japan　　171

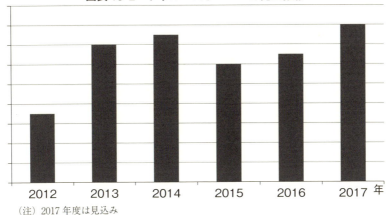

図表13-2　トゥルースリーパーの売上推移

（注）2017年度は見込み

3-3. どんなメディアからリーチしているのか

　トゥルースリーパーのマーケティングに使用しているメディアのタイプについて、最も投資をしているメディアはインフォマーシャルという29分のテレビ通販番組（図表13-3）、その次が新聞（図表13-4）、加えてPC・モバイルからのEコマースサイトへのリーチ（図表13-5）も多くあります。
　今回は代表的なインフォマーシャルのケーススタディをお見せします。売上が2012年から2013年の間で一気に2倍以上となったのですが、そのときトゥルースリーパーに何が起こっていたのか、2012年と2013年に放映した通販番組のクリエイティブ比較でご紹介します。2つの番組で主な映像部分にほぼ変わりはありません。一番の変化は訴求ポイントです。「睡眠中の悩み（＝体の痛み）が緩和される」ということにフォーカスし訴求クリエイティブの検討をした結果、レスポンスがアップしました（図表13-6※現在はこの訴求は使用していません。）。これにより、売上が約2倍となりました。テレビ番組のみならず同じ訴求をインターネット、新聞、ダイレクトメール、カタログや店舗で行うことで売上を大きく伸ばす結果につながりました。
　具体的な変更ですが、番組冒頭から「悩み」という言葉を入れました。イン

図表13-3　インフォマーシャル番組

図表13-4　新聞

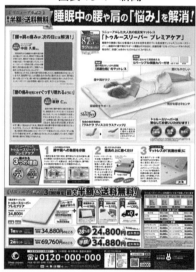

図表13-5　Webバナー

図表 13-6　訴求ポイントの変更

（注）現在はこのクリエイティブは使用していません。

フォマーシャルでは、これを"ネガティブ"と表現するのですが、最初に「こんな悩みを持っていませんか？」というメッセージをわかり易く強調した映像に変更をしたのです。

なにより1番大きく変わった要素は、愛用者様方のコメントが入った事です。寝たときにどれくらい気持ちが良いのか、とか、睡眠中の痛みがどれくらい緩和されるのか、という商品で得られるベネフィットは私達が伝えるのではなく、実際にご購入いただきご使用いただいているリアルな愛用者様ご自身達からメッセージとして伝えていただくことで、視聴していただいた方々からの共感を得る事ができました。電話でご注文をいただく際、ご購入に到ったきっかけをアンケートとして取得しているのですが、印象に残ったコメントについてのアンケートにお答えいただく大多数のお客様が、「愛用者の方のコメントに共感した」と言っています。基本的にどの方のコメントが良かったのか等、詳細もコミュニケーター（コールセンターのお電話担当）がお聞きしアンケートの回答に入れます。そのアンケートデータを元に愛用者様方をインフォマーシャル映像に入れる事により、売上を伸ばすことができました。

このようにしてインフォマーシャルの改定によるレスポンスアップを実現する事ができました。2013年以降も、2014年、2015年、2016年と、3年間変わらず同じ映像を放映しました。2017年に入り、徐々にレスポンスが下がってきたこともあり、再度インフォマーシャルの改定をいたしました。

この改定は映像のみならず商品のリニューアルにも着手し抗菌仕様にいたしました。トゥルースリーパーの良さは何よりも寝心地の良さと、お客様方からご支持いただいているのですが、それ以外に清潔で抗菌、防カビという機能面でもリニューアルを行う事で更にお客様にご興味を持ってもらえるのではないかと考え、インフォマーシャル映像でも追加された機能面を強調し、映像の冒頭でリニューアルしたポイントの情報を入れました。

ほか、非常にインパクトのある商品紹介映像を追加しました。トゥルースリーパーの上にボーリング玉を落とすデモンストレーションを用い、低反発の衝撃吸収性を説明するための実験映像を制作したのです（図表 13-7）。この衝撃的なデモンストレーション映像によって受注がおよそ 1.4 倍にアップしました。

このデモンストレーション以外にも映像内で商品説明をしているパートがあるのですが、アンケートではボーリング玉のデモンストレーションが印象に残っているとお答えになるお客様が多いです。そして愛用者様のご登場による訴求力が強い事は既にわかっていますので愛用者様方を全員刷新し、またタレントの草野仁さんにも愛用者様としてご登場いただく事で更なる映像の強化をいたしました。

改定映像の購入者アンケートで、購入の決め手になったことの1つ目に「体圧分散性に優れ、寝ているときの負担を軽減してくれるから」という商品自体の機能性、次に「抗菌に商品リニューアルをしたから」と回答をいただいてお

図表 13-7　実験映像による紹介

図表 13-8　愛用者様のインタビュー

（注）現在はこのクリエイティブは使用していません。

り、映像改定で訴求をしたかったことがしっかりと伝わっていることがわかります（図表13-8）。加えて、購入を決断した場面では、愛用者様である中田久美さんのインタビュー、ほか愛用者様方のインタビューの項目が変わらず理由のトップです。

インフォマーシャルは、このように商品をリニューアルをすることで成功をしました。売上の推移としては、2017年にこのリニューアルで向上をしました。

4. 最後に

このようにダイレクトマーケティングは、クリエイティブを変えていくことによって、お客さまのニーズを摑み、それをクリエイティブに反映をさせ更なるブラッシュアップをし、他のチャネルにも広げてゆきます。レスポンスや売上が向上する事で更なる新しいお客様との出会いがある、これが醍醐味なのではないかと感じています。

そしてこの醍醐味は役職にかかわらず、例えばスタッフでもマネージャーでも、すべての社員がそれを体感することができ、すべての社員がチャレンジをすることができます。これが、ダイレクトマーケティングだと感じています。

ダイレクトマーケティングの売上が上がって行く感動や、お客様からのご注文電話が鳴る興奮など、即座に感じる事ができます。マーケティング担当者も、コールセンターの担当者もそれぞれに感じる感動と興奮があります。さまざまな人がさまざまな役割を通じて、会社全体でそれを体感できるという事は、すばらしくドラマティックなことです。夜にコマーシャルで流れておりますので、どこかで目にしていただけた際には、そんな目線を持ってご覧いただければと思います。

第14章
通信販売事業による地域活性化へ

岩永　洋平

1. 地域の商品をどうやって市場導入するか

　通信販売事業による地域商品の市場導入というテーマでお話しします。ケーススタディとして、直面した大きな苦難を超えて成長を遂げた岩手の企業を取り上げます。通販事業はそこで、1）地方事業者の商品とサービスの提供価値を向上させ、2）地域共有の財産である地域ブランドの価値を高め、3）さらに企業と顧客の共同性を形成する役割を果たしていました。

　さて、地域が公共事業や単なる工場誘致に頼らずに、自分の力で内発的に発展するためにはどうすればいいのでしょう。インバウンドの誘致、地域のICT産業の振興、教育機関との連携による産品開発など、自治体や事業者は知恵を絞ってさまざまに努力しています。地域の特色ある商品を全国の市場に導入しようとする取り組みも、そういった内発的な地域発展のための施策の1つです。地域の商品の市場導入のために、東京のアンテナショップで、ふるさと納税の返礼品として、道の駅で、各地の中小事業者による数多くの商品が売られています。

　アンテナショップなど公的な支援のあるチャネルは、地域商品の市場導入への1つの段階で、大きな役割を果たします。その売り場の棚に商品を並べるために事業者は買い物客からのパッケージの見え方や陳列性、賞味期限などに留意して商品をつくるようになります。また物流や欠品対応などの実務とも向かい合うことができます。商品取り扱いのハードルが低い公的チャネルは、消費者向け商品の経験がない地方の事業者でも、市場の実際の一端を経験できる、

いわば"揺りかご"の役割を果たします。

　ただし自治体の支援に頼るのではなく、地域を支えるほうの側でありたいと事業者が願うのなら、いずれ行政に守られたチャネルからは離れなければなりません。そこで地方事業者が一般的のチャネルに商品をのせようとすると、たちまち強力な競合と遭遇します。地方の商品は実績のある大手のナショナルブランドとプライベートブランドに対抗できるのか。

　地方の中小事業者はブランド認知や資本、マーケティング力など、事業のリソースが潤沢ではありません。自社ブランド商品を量販店やコンビニの売り場に定着させるのはとても難しい。そもそもバイヤーが相手にしてくれるのか、お試し購入にとどまらず売り場と顧客をつなぎとめられるか、絶え間なく商品の品質を高められるか、問題は山積みです。

　自力での成長を望む、意欲の高い地方の中小事業者は、どのようなチャネルによれば成長できるのでしょう。地方の商品を全国市場に拡大できる1つの有力な方法、それがダイレクトマーケティング、通信販売事業です。

2. 地方中小事業者と通信販売事業

　通信販売事業とは何か。メディアを使うことで消費者がどこにいてもアプローチし、消費者の反応を測りながら、店などを介さず直接に双方向交流を行い、商品を買ってもらう、また買い続けてもらうマーケティング活動であると整理できます。この説明のポイントは下記の4つです。

(1)　空間的非拘束性
(2)　メディアの利用による消費者との直接取引
(3)　KPI・中間事業指標の測定可能性
(4)　コミュニケーションの双方向性

　これらの特徴は、市場導入を果たしたい地方中小事業者にとって、とても魅力的です。まずもって地方にあることの基本的な不利である商圏の制約を解消して、全国市場への拡大のチャンスが得られます。消費者との直接取引は、小売との口座のない事業者や、寡占化で優越的な地位を占める量販店との取引で

図表 14-1　六次産業化による事業成長

事業者	地域	事業	事前	取組後	増分	成長率
(有)井上誠耕園	香川	オリーブ産品販売	200	4,600	4,400	2300%
(株)アマタケ	岩手	養鶏・鶏肉加工販売	5,200	9,200	4,000	177%
(株)パンドラファーム	奈良	野菜生産・加工販売	200	3,600	3,400	1800%
馬路村農協	高知	ゆず加工販売	100	3,300	3,200	3300%
木の花ガルテン	大分	農産物生産・加工直売	68	1,715	1,647	2522%
(株)げんきの郷	愛知	複合直売施設	2,410	3,620	1,210	150%
(株)御菓子御殿	沖縄	菓子製造販売	4,181	5,365	1,184	128%
あしきた農協	熊本	農産物生産・加工直売	6,570	7,710	1,140	117%

（出所）『6次産業化の取組事例集（平成28年版）』農林水産省より作成

収益低下に悩んでいる企業に、成長の機会をもたらします。

通販事業は六次産業化の手法としても有力です。農水省がまとめた資料に示された、六次産業化に取り組んだ169の事例を整理したところ、六次産業化によって売上を10億円以上伸ばした事業者は8件みられました。そのうち2件は通信販売を主力チャネルとしています。もっとも増分の大きい香川・小豆島の「井上誠耕園」はオリーブ原料の化粧品・食品販売で売上を44億円伸ばしています。特産品のゆずを加工した飲料「ごっくん馬路村」で知られる高知の「馬路村農協」も通販事業で売上を1億円から33億円にまで伸ばしました。六次産業化の例に限らず、他にも地方から成長していく通信販売事業の例は多数見られます（図表14-1）。

3. 地方企業の通信販売事業ケーススタディ

さて、ここからは三陸釜石の水産加工会社、小野食品の通信販売事業「三陸おのや」のケーススタディをご紹介していきます。小野食品は通販事業によって自社ブランド商品の市場導入を実現し、見舞われた危機を超えて事業成長を遂げた地方企業です。同社については東京大学の「希望学」研究の一環として、中村尚史先生による質的な研究がありますが、ここでは質的分析と量的調

査の両面から捉えていきます。質的には同社の小野昭男社長の詳細な業歴記述、インタビュー、および同社の事業開発と運営に外部協力会社としてお手伝いしました筆者の観察などにもとづきます。

　中村先生らの研究では、震災からの復興を支えたのは、それぞれの「持ち場」における「震災以前から築かれていた家族や地域との信頼関係」だと指摘されています。これに示唆を受けつつ、この報告では地域から通信販売で商品を届ける事業者と、地域外の顧客との間にも、そのような「信頼関係」が成立するのか、小野食品と全国の顧客との関係を把握します。

　さらに地域産業全体を捉える視点から、地域と消費者一般の関係も分析します。ここでは地域の産業基盤である「地域ブランド」のブランド連想と評価を調査して、通販事業による地域ブランドの価値向上の役割を把握します。地域を超えた提供者と顧客との信頼関係の形成、コミュニケーション活動を通じた地域ブランドの価値向上、いずれも通信販売だからこそ成し得る成果であると考えます。

4. 直面する困難から直接販売への志向へ

　小野食品株式会社は、父親が営んでいた個人経営の水産加工業を継いで小野昭男社長が1988年に設立しました。外食企業や量販店向けの焼き魚、煮魚の生産をおもな事業としていました（図表14-2）。

　2000年ごろより中国から加工品の輸入が増えて、商社・流通の価格要求が

図表 14-2　小野食品の企業概要

企業名	小野食品株式会社
本社	岩手県釜石市
社長	小野昭男
商品	三陸産を中心とした魚加工そうざい
資本金	5,000万円
従業員数	100名
指定事業規模	30億円（2017年）

厳しくなってきます。たび重なる値下げ要請に利益率は低下していきます。三陸の水産業全体が同じような困難に直面するなか、小野社長は自分の商品には自信がありました。素材・調理・無添加の特性など、輸入品よりもはるかに優れている。この商品の品質、おいしさを消費者に直接確かめてもらいたい。他よりもやや高くとも買ってくれる消費者に、直接に商品をお届けしたい。そう考えるようになりました。

そこで自社ブランド商品を開発し、消費者への直販を試みます。地元の釜石に特設の売り場を設けて直売会を何度か実施したところ、回を重ねるにつれ客数も売上も伸びていきます。自社商品への自信を深めるとともに、消費者の評価と直接に相対する手ごたえを感じます。これを受けて小野社長は、本格的に通信販売事業、全国への販路拡大の道を模索しはじめました。

事業成長を遂げた起業家の多くがそうであるように小野社長は、収益だけでない事業目的、社会への貢献の意思をもっています。最盛期10万人を超えた釜石の人口は、製鐵所の閉炉後には減少する一方です。この街のにぎわいを取り戻したい。また自社商品を通じて、日本人の豊かな食卓と健康を支えたい、魚を食べる習慣を守りたいと願っています。

このような小野社長の社会貢献への思いは、結果的に地域外とのネットワークをつくる際に共感を生んで協力者を得やすくしています。また周りの環境の変化に左右されない、行き先を見失わない指針となって、リスクを取って新しい事業に取り組む積極性をもたらしています。

5. 新たなビジネスモデルの開発

地域外の複数の専門家のアドバイスを得ながら、小野食品はつぎのような（図表14-3）通販事業のビジネスモデルを策定しました。商品は湯せんにかけて食べる冷凍魚そうざいで、月替わりに旬の魚メニューを取り合わせる"お任せ"のアソートセットです。売り方は1回限りの購入ではなく、初回の注文から定期購入を条件として購入者をつのる方式にしました。

水産品の流通・物流を本来的に規定するのは原料となる魚の供給の季節性と

図表 14-3 小野食品通信販売初期事業フレーム

事業ブランド	「三陸おのや」
提供意思	魚そうざいをいつでも簡単に食べてほしい
事業領域規定	三陸釜石から旬のお魚料理を毎月送付する
販売方式	初回からの定期お届け
パッケージング	冷凍・個包装・月替りのアソートセット
想定顧客	高齢者層
媒体	全国紙・地方紙新聞 15 段（全頁）
価格	4 種 8 食セット 2,800 円・8 種 16 セット 4,700 円

不安定性、非貯蔵性などです。消費者の側では買い物とメニューの検討の手間、調理、匂い、骨うろこなどの残滓、摂食時点では骨の面倒さが障害になります。工場で調理を済ませて冷凍保存した魚そうざいを、家庭までのコールドチェーンに乗せて食卓に届ける事業は、これらの要因を軽減するものであることから、基本的な事業性がおおいに期待されました。

このビジネスデルの開発のヒントとなったのは、直売会でのひとりの顧客の注文の事例でした。遠くに住む母親あてに、魚そうざいを組み合わせたセットを内容お任せで定期的に届けてほしい。その注文が商品開発に役立ちました。また、ふだんの食事に健康的な魚メニューを手軽に取り入れてほしいという思いをも反映しています。2009 年に新聞媒体での販売を開始、レスポンス効率の採算性をさぐる苦しい試行錯誤の期間を経て、2010 年春には小野食品の通販事業は成長軌道に乗りました。

6. 通信販売事業の KPI と事業特性

ここで同社が採用した通信販売事業の特性を基本的な採算構造から把握しておきます。図表 14-4 のような採算・収益構造からは通販事業の 2 つの特性が導かれます。

第一は事業運営上の KPI の有効性です。施策の評価や投資を判断するうえで通販事業では、利用する KPI がとても有効に働きます。通販事業はテレビ・

図表 14-4　通信販売事業の採算構造

■個人客単位媒体投資採算点評価
CPO≦目標回収期間 LTV×粗利率
　CPO＝新規顧客獲得媒体費用/獲得顧客数
　LTV＝期間累積客単価＝受注単価×期間受注回数

■事業収益計算
年間収益＝（既存顧客年客単価×既存顧客数）
　　　　＋（新規顧客年客単価×新規顧客数）

新聞・ネット広告など広告媒体に投資して新規顧客を獲得します。広告への投資効率は、新規顧客の一人あたり獲得費用 CPO（Cost Per Order）で評価します。CPO は定量指標で、即時かつ直接に採算にかかわる指標として算出されます。また期間累積客単価の LTV（Life Time Value）は CPO よりも遅れるものの、やはり定量的に把握されます。いずれも事業開始後には、ある程度は安定的で予測可能な指標です。

　一般的な店販商品における広告・販促投資は、その効果の測定の難しさと遅延、投資に対する収益の不確定性の問題を抱えています。いくら注ぎこめば、どれだけ儲かるのかが分からない。しかし通販事業では、利用する KPI の特性から、不確定性などの問題は比較的に小さい。つまり広告投資により何人の新規顧客が獲得できるか、その顧客からどの程度の収益が得られるかの見通しがつけやすいのです。CPO と LTV の指標を使えば小さな投資から始めて、採算が見通せた段階で新規顧客獲得をしだいに拡大していく判断ができる。これは資本力に乏しい中小企業が事業を立ち上げる際に、とても有利な条件です。

　第二の特性は、顧客との継続的な取引関係の必要性です。多くの場合、通販事業で CPO は、初回の受注単価を大きく上回ると想定されています。例えば CPO 10,000 円を投資して一人の顧客の初回購入は 3,000 円など。つまり 1 回かぎりの取引ではまったく利益が出ません。そこで通販事業では LTV の蓄積、すなわち顧客の反復購買による継続的な取引関係の確立が事業採算の要件となります。

7. 通信販売事業のコミュニケーション特性

三陸おのや事業には、図表14-5のような2つのコミュニケーション領域があります。新規顧客獲得のレスポンス広告と、顧客継続のためのコールセンター・DMなどの双方向のコミュニケーションです。それぞれの特徴を店頭販売商品のナショナルブランドとの比較で把握します。

7-1. CPOの指標でコントロールされた大量のレスポンス広告

新規顧客を獲得するレスポンス広告は、一般的なナショナルブランドのマス広告と同様に、新聞・テレビ・ネット媒体などが利用されます。店販商品のコミュニケーション予算は通常、年次・四半期の売上、利益目標に対する割当制で決定されます。これに対し通販事業では、投入をCPOの指標で評価、コントロールしています。個々の施策が目標CPOの効率基準に到達する限り投資は拡大され、基準に達しないのであれば縮小、他に切り替えるよう機動的に運用されます。

レスポンス広告の投入量にも特徴があります。通販企業の広告投入額の売上

図表14-5　2つのコミュニケーション領域

	「三陸おのや」の2つのコミュニケーション		cf. 店舗NB
媒体特性	レスポンス広告 非人的	双方向媒体 人的	マス広告 非人的
主目的	新規顧客獲得 Acquisition	顧客継続 Retention	認知・理解 販売促進
KPI	CPO 顧客あたり獲得費用	LTV 期間累積客単価	認知率・検索率ほか （配荷等POSデータ）
提供（交流）情報	商品情報 地域・商品ブランド	提供者と顧客の情報 商品情報・評価	商品情報 企業・商品ブランド
媒体種	テレビCM・新聞 チラシ・ネット等	挨拶状・返信ハガキ コールセンター等	テレビCMほか マス媒体・POP等

に対する比率は、2015年の日本通信販売協会の調査で20％であり、上場で標準的な3〜4％の6倍近くの水準になっています。三陸おのやの場合も、テレビCMを利用したメディアミックスと全国紙のカラー全面広告の顧客獲得効率が良かったため、事業当初に年商10億円程度だった地方中小企業としてはあまり例のない規模のコミュニケーション量を投入しました。同社の広告活動は、効率の水準内で多数の新規顧客を獲得しながら、その場では商品を買わない消費者にも三陸おのやのコミュニケーションが複数回にわたって到達することになります。

7-2. 地域ブランドによる価値付与

地域ブランドを表現する要素をコミュニケーションで多用する点も同社の特徴です。「三陸」の地方は世界三大漁場のひとつであり、有力な海産物の産地として周知されています。三陸の地域名とそれによって連想されるブランド連想を借りれば、地域ブランドのもつ信頼感・品質感の印象を自社の水産加工品に付与できます。地域ブランドは、地方の知られていない企業が全国に販路を拡大する際に、商品の魅力を高めて品質への信頼を得る役割をもちます。

まず同社の通販事業の屋号「三陸おのや」にも地域名が組み込まれています。またレスポンス広告の表現では地図を記載し、名産のサンマのイラストなどを利用しています。テレビCMでは魚市場の水揚げのようすやリアス式海岸の風景が利用されます。

それらに触れた消費者は、海産物の本場の、あの三陸から届く商品ならば、東京の大手企業のNB・PB商品とは違う、希少なものだろうと認識することになります。これにより顧客獲得効率は向上します。このように同社の事業は、地域ブランドの恩恵を得て成立しています。

7-3. 人的な双方向コミュニケーション

商品とともに同社の顧客に毎月届けられる1色刷り・A4サイズのリーフレットの書き出しは、「店主の小野です。」という名乗りで始められます。続くトピックは、季節の魚について、顧客との対話の報告、生産者訪問、地域の近

況についてなど。お客さまに対するいわば"手紙"のような形式をとっています。加えて「商品やサービスに関してお気づきがありましたら」と同封のハガキでの返信をうながします。

商品・サービスへの評価・クレーム・季節の便りなど顧客から届く毎月数百通のハガキに対しては、従業員が手分けして全数に対して返信がなされます。電話やメールによる問い合わせには、工場に併設された社内のコールセンター担当が応じます。

店販商品のようにマスメディアによる一方向の情報伝達だけではなく、ここではヒューマンな双方向のコミュニケーションが実践されています。お客さまと通販事業者との関係は、商売上の取引にとどまらず、しだいに心のつながり、コミットメントが深まっていきます。

8. 商品・サービスの提供価値を向上させる循環的なサプライチェーン

店販商品の流通と、通販事業のサプライチェーンの違いを説明します。図表14-6は一般的な水産加工品の例です。川下の消費者側とメーカーとの接点は卸・小売りのバイヤーを経由するものになります。商品の売れ行きが良くな

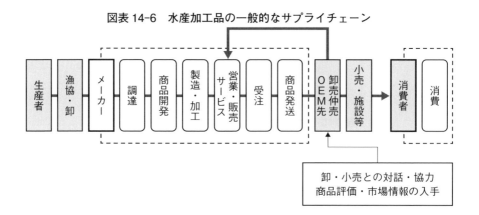

図表14-6　水産加工品の一般的なサプライチェーン

ればバイヤーに値下げを要求されるか、あるいは単に扱い停止の通告を受けることになります。メーカーは消費者、消費の場面とは途絶され商品評価の情報は得られず、価格決定など取引の生殺与奪の権利をバイヤーが握ることになります。

　三陸おのやほかの通販事業は図表14-7のようになります。卸や小売りが担っていた販売費用の負担と引き換えに、小売価格までの価格決定権を得て、最終顧客からの代金を通販の事業者は直接に売上として受け取ります。また一般的なサプライチェーンは一方向の開いた形状ですが、通販事業は顧客の反復購買・双方向コミュニケーションが組み込まれた循環構造のフローとなっています。

　この構造から、お客さまからの商品・サービスの評価が常時・直接にもたらされます。購入を中止されるお客さまからも中止連絡の際に聞き取りがなされて、"止める理由"という重要な情報が得られます。フィードバックされた情報をたよりに、製造・商品開発・受注・配送の各担当部門は、商品・サービス

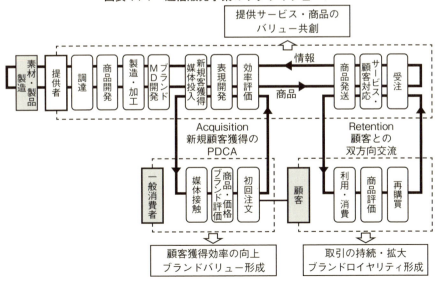

図表14-7　通信販売事業のサプライチェーン

の提供価値のいっそうの向上に取り組めます。これにより、店販商品と比べて決して安くない同社商品の価格に見合う提供品質を維持できる、協働型・共創型のマーケティングが実践されています。つまり顧客と一緒に商品を良くしていくビジネスモデルです。

　また、このサイクルにおける顧客の継続率は安定的に推移するため、数カ月先までの需要量が簡易な計算で予測可能です。水産品の供給、調達、価格は季節・水揚げに左右されますが、通販ならば需要がある程度は予測できることで、小野食品と生産者の双方にキャッシュフロー・品質・価格の安定の恩恵をもたらします。

　出荷の物流は、このところクローズアップされている一般向けの小口多数の発送ですが、出荷日・出荷数があらかじめ読めるのは物流会社との料金交渉上で有利です。また中期的には生産ライン・人材の生産要素、インフラへの投資も計画しやすくなっています。

　人的資源管理、従業員のモラール形成の側面においてもメリットがあります。今月届けた商品への感謝・評価・クレームなどの顧客の"生の声"は製造部門も含めた従業員に届き、前述のように従業員自身による返信がなされます。この過程を経ることで、従業員の業務、切り身を切る、商品をピッキングするなどの作業の意味が変わってきます。日々の仕事は単に給与を得るための退屈な作業ではなく、お客さまの家庭の夕食でよろこばれる料理をつくる、料理をお届けする労働としての意味が見出されることになります。結果として従業員の働く意欲、工程・商品を良くしていこうという意欲が高くなっていきます。

　通販事業、三陸おのやのサプライチェーンのサイクルは、反復購買を促がすマーケティング活動だけでなく、商品開発・製造・調達活動・物流・人的資源管理にも貢献しています。このように通信販売事業では、商品・サービスの提供価値を、顧客とともに共創していく事業構造が形成できるのです。

9. 地域ブランド再生産への貢献

　三陸おのやの事業は、前述のように地域ブランドの信頼感・品質感の印象、地域ブランド「三陸」ならではの記憶、ブランド連想の恩恵を受けています。では同社の事業は地域が共有する財産である地域ブランドを利用するだけで、その価値を高めるほうには貢献していないのでしょうか。同社のマーケティング活動が三陸の地域ブランドの形成に貢献しているかどうかを、地域ブランドのブランド連想の分析で検証します。

　ブランド連想とは消費者の頭のなかにあるそのブランドについての知識で、商品を検討する際に思い起こされて、商品の選択にポジティブ、またはネガティブに働くものと考えられています。全国30～69歳の男女4,552人から「三陸」について「あなた自身が思い出すこと・もの、感じることや気持ち・印象・ことばなど」を自由に書いていただいて、テキストマイニングという手法でブランド連想・単語の出現率を分析しました。

　ここで得られたブランド連想の件数は790件でした。おのやの事業が三陸の地域ブランドに影響しているかどうか、どのように影響しているのか。三陸おのやを知っているサンプルと知らないサンプルの、各ブランド連想の出現率の違いを把握すれば、伺うことができます。

　ブランド連想のうち2％以上の出現のあったものを図表14-8に示しました。リアス式海岸の地形、津波など震災の記憶、関連地名、ワカメ・カキほか海産物、NHKのテレビドラマ「あまちゃん」関連などの内容で構成されています。

　三陸おのやの認知者と非認知者ではブランド連想の出現において「海の幸」、「岩手」、「美味しい」の3つの要素でプラスの側の有意な差があらわれています。「海の幸」、「美味しい」は2倍程度の出現率になっています。

　一般に地域のブランドづくりは膨大な費用が掛かると想定されていました。これまでの地域ブランドの研究でも、地域ブランドは自然に形成されるものであって、とても人為的に作れるものではないと言われていました。しかし「三陸おのや」は、そのテレビスポットCM・新聞全国紙などを使ったコミュニ

図表 14-8 「三陸」地域ブランド連想

「三陸」	全体	非認知者	認知者	差	p 値
リアス式海岸	24.3%	24.2%	25.2%	+1.0p	.6432
ワカメ	19.3%	19.3%	19.1%	−0.2p	.9334
東日本大震災	15.2%	15.3%	14.7%	−0.6p	.7326
カキ	5.7%	5.7%	5.6%	−0.1p	.9177
津波	5.6%	5.7%	4.8%	−0.8p	.4427
あまちゃん	4.7%	4.6%	5.0%	+0.4p	.6850
海の幸	3.7%	3.3%	6.3%	+3.0p	.0007 ***
海産物	3.2%	3.1%	3.7%	+0.6p	.4656
岩手	2.9%	2.6%	4.6%	+2.0p	.0091 **
魚	2.5%	2.6%	1.7%	−0.9p	.1927
美味しい	2.4%	2.1%	4.6%	+2.6p	.0003 ***
海	2.1%	2.1%	2.2%	+0.1p	.8703
三陸鉄道	2.1%	2.0%	2.8%	+0.8p	.2329

（注）認知者―非認知者の差分の χ^2 検定有意確率　**：$p<0.01$，***：<0.001

ケーション投資によって、青森から宮城に至る三陸地域の代表として「岩手」の地名を印象づけることに貢献しました。また「三陸」ブランドの価値の中心ともいえる、"三陸は海の幸が美味しいところ"を、実際に2倍ちかく高めました。通信販売のコミュニケーション活動は、地域ブランドの内容を豊かにしていると言えます。

10. 地域ブランド価格プレミアム形成への貢献

さて個々の消費者にとってブランドの価値は、最終的には値段で評価されます。小野食品の事業活動によって価値が高まった三陸の地域ブランドは、消費者の価格評価を向上させることに結び付いているでしょうか。仮想市場評価法という調査手法を用いた検証を試みます。

商品「さば味噌煮パック一切れ」の量販店のプライベートブランド商品の一般的な価格を提示して、ナショナルブランドの商品ならいくらで買うか、「三

図表 14-9　三陸産さば味噌煮・価格プレミアム

	「さばの味噌煮」	一切れ価格評価
提示 PB 価格	¥185	100%
NB 評価価格：「N 社」	¥201	109%
「三陸産」さばの味噌煮平均評価価格	¥216	117%
「三陸おのや」非認知者（88.8%）	¥215	116%
「三陸おのや」認知者（11.2%）	¥224	121%
非認知者・認知者の t 検定両側有意確率	.00	

（対象）全国 30〜69 歳男女 7,943s「さば味噌煮を買う可能性がある」

陸産」の商品ならいくらで買うかの支払い意思額を自由記入してもらう方法で調査しました。おのや認知者と非認知者のそれぞれが、三陸産のさば味噌煮に値づけた平均価格の違いを比較すれば、おのや事業が「三陸」の価格プレミアム形成に寄与しているかどうか検証できます。

　PB 商品の 185 円に対して、「三陸産」ブランドを付与した商品は平均 216 円・PB 比 117% に値付けられました。NB の 201 円よりも高い値付けです。おのやを知っている人は、三陸産を 224 円・同 121% に評価しており、非認知者の 215 円・116% よりも、統計的に有意に高い値付けを与えています（図表 14-9）。

　三陸おのやを知る消費者とって三陸の地域ブランドは、PB の 1.2 倍の価格に見込まれています。この点から、三陸おのやのマーケティング活動は地域ブランドの価値と価格プレミアムの向上に役立っている、小野食品の通販事業は、自社の収益を得るだけでなく、三陸の事業者たちが共通で利用できる地域の産業基盤を形成する役割をも果たしているといえます。

11. 顧客との心のつながりの形成

　増え続ける通販の顧客、生産量に対応するために小野食品は、事業所・生産ラインを増やします。岩手県大槌町の新しい事業所では、顧客対応のコールセ

ンターを拡充して、製造・オペレータのスタッフ30人をあらたに雇用することとしました。顧客の注文に応えるため「できるだけ早く稼動したい」と引渡しを1カ月前倒しして、2011年の2月25日に開所式は実施されました。港に面した真新しい事業所で、町長らの来賓を前に小野社長は、自社の成長戦略と三陸の地域の未来についてビジョンを語りました。

　2週間後の3月11日、東日本大震災は発生します。釜石の小野食品も津波の直撃を受けました。大槌町では町長を含む死者・行方不明者1,277名が犠牲に。小野社長が2.7億円を投じた新事業所は、一度も商品を出荷することのないままガレキの山になりました（図表14-10）。

　津波にさらわれた街、電気や道路のライフラインも途絶して事業再開の見通しは立たない。失意に沈む小野社長らのもとに、電子メールが届き始めます。

> 「地震の災害お見舞い申し上げます。もうお魚を戴けないかと心配でたまりません。どうぞご無事でと祈っております。」「おのやさんに頂いたカレンダーを見ながら、美味しいお魚をいつまでも待ってます。」「操業が再開されたら必ず注文します。返信は要りません。応援しています。」

図表14-10　震災後の小野食品大槌事業所（小野社長撮影）

これらの全国の顧客からのメールを受けて、小野食品の社長、従業員たちは事業と地域の再興への意思を奮い起こします。まもなく顧客から救援物資・支援金が届き始めます。"10年分の先払い"を振り込んだ方、ボランティアとして復興の手伝いに訪れたお客さまもいました。

　従業員たちの努力で残った生産ラインを復旧させ、潮を浴びたパソコンに残っていた顧客リストも復活させました。放射線汚染の風評被害があるなか、3カ月後の同年6月に商品のお届けを再開すると、三陸おのやの顧客のほとんどが再開に応じました。

　通販事業の顧客にとって小野食品は、震災以前からの双方向のコミュニケーション、お互いのやりとりを通じて、単なるメーカーではなく、知人や友人に近いような大切な関係になっていました。空間的には遠く離れているにもかかわらず、顧客と小野食品のあいだには強いコミットメント、互いに助け合うべき共同性が成立していたと捉えられます。

　通販事業によって作ってきた顧客との共同性、人的関係の実質は、小野食品の危機に際して顧客側からの支援として現れました。これに支えられて同社の事業は成長を続け、現状の売上は震災前の2倍の規模となって、被災地域のサプライチェーンと雇用を支えています。

12. 通信販売事業による地域活性化へ

　近年のインターネット・モバイルなどメディア環境、物流システムの進化は、通販事業の有効性を高めています。それとともに地方の中小事業者が通販事業で成長できる可能性がいっそう増しています。

　実際に今でも福岡を中心とした九州には年商2,800億円規模の通信販売の産業集積があり、やずや・新日本製薬・再春館製薬所・キューサイなど数々の通販企業が地方にあって活躍しています。また、香川・京都・静岡・岡山などの地域でも同様の通販事業の集中がみられます。それ以外にも富山の富山常備薬グループや、広島因島の万田発酵などの成長企業が各地で見られます。東京への一極集中が進むなか、これからも東京以外の地域で成功する通販事業はどん

どん増えていくでしょう。

　地方からの通販事業が商品・サービスの提供価値を持続的に高め、また地域ブランドの価値を高める働きがあることはこの報告でご説明しました。地方からの通信販売事業が続発すれば、顧客と事業者のあいだに空間的な距離を超えた心のつながりが形成されます。地方からの商品がリピート購入され消費されるうち、都市の住民にとってもその地域の人々が身近に感じられるようになります。

　さらに、それまで縁のなかった地域が、この商品を作り届ける人たちが暮らす、大切な場所のひとつとして顧客にとって価値をもち始めるでしょう。三陸おのやで成立した顧客との共同性が震災からの復興を支えたように、地方からの通販事業は、地域の活性化を推進したいと考える人々を都市の側にも創りだしていける可能性があります。

　全国への販路を求める事業者、また、それを支援する自治体は、地域産品の全国市場への導入に向けて、一次産品の六次化の手法のひとつとして、通信販売事業の採用を検討すべきだろう、私はそう考えます。ご清聴、ありがとうございました。

第4部

ダイレクト・マーケティングの制度や顧客対応

第15章
通信販売に対する法的規制と今後の課題

万場　徹

1. はじめに

　私たちの日常生活において通販で買い物するとき、あるいは卒業後に通信販売の事業をしたいときに、常識の集大成で社会のルールを決めたものである法律は、どうしても関わってきます。ここでは法的な規制、それに対してどのような対応をするのか、または消費者としてどのように見ていくべきなのかについて説明していこうと思います。

2. JADMAと通販の歴史

　日本の通販は明治時代に始まり、明治13（1880）年には高島屋、三越などが始めましたが、当時から支払い方法や返品方法についての記載がありました。昭和46（1971）年にはテレビショッピングが始まり、昭和50（1975）年には通販によるトラブルが増加し、翌昭和51年に特定商取引法ができました。JADMAは、昭和58（1983）年に社団法人日本通信販売協会として設立されました。昭和63（1988）年には訪問販売法が改正され、同法において協会が業界の自主規制等の中心となる団体に位置付けられました。同法は制定当初2条分でしたが、通販関係の内容では前払いと取引条件に関する広告のことが書かれていました。協会は、平成24（2012）年には公益社団法人としての認定を受け、公益社団法人日本通信販売協会となり、また、平成30（2018）年には認定個人情報保護団体となりました。現在（2018年10月）の会員数は462社で、

流通システムや広告代理店などの賛助会員193社を含めると、合計で655社の団体になります。事業者は法律に基づいて通販を行わなければならないのですが、それらをわかりやすくするため、協会がガイドラインを作って解説しています。また、会員ではない企業にも周知しています。このように、公益社団法人日本通信販売協会の役割は、自主規制（ガイドライン）と消費者保護になっています。

3. 市場規模

2017年の通信販売売上は7兆5,500億円と、JADMAでは推計しています。会員社の売上を中心に推計していますが、日本に進出しているAmazonなどを含めて売上推計を発表しました（図表15-1）。経済産業省の調査では、エレクトリックコマース（EC）も含めて15兆円です。協会の推計は約半分となります。協会の数字は物販を中心としたものですが、経産省の数字は物販だけでなくダウンロードやゲームソフト、旅行、保険などを含んでいます。株もネットで取引をしています。

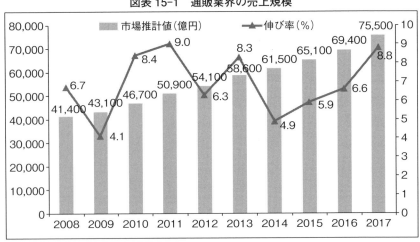

図表15-1　通販業界の売上規模

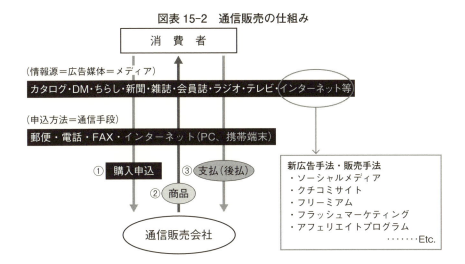

図表 15-2　通信販売の仕組み

　百貨店業界の売上は5兆9,000億円です。内2,700億円はインバウンドの売上となっています。近年、通販が百貨店の売上を上回っています。それに伴い、事業者が利用している広告媒体も2016年以降インターネットが増加しており、通販が百貨店より伸びています。かつての通販業界で使用される媒体は、カタログ、ダイレクトメール、新聞広告、テレビショッピングなどでしたが、活字媒体を利用する高齢の消費者もいるため、活字は存在し続けています。しかし現在、消費者が利用している媒体をみると、カタログの利用が減り、ネットが主流となっています。その端末も近年では、パソコンからスマートフォンへ移行し始めています。利用傾向がネットにシフトしていることは間違いありません。通販の仕組みとしては、通販会社が広告を出し、それを見た消費者が通信手段で注文をし、通販会社は配送し、買い手は届き次第、商品金額を支払うものです。以上の流れのどこかでラインが切れてしまえば苦情につながるため、注意する必要があります（図表15-2）。

4. 通販110番と通信販売に関わる法律

　通信販売会社の中には、トラブルを起こす事業者も存在します。協会は設立当初から消費者相談室を設けています。消費者が通販会社に苦情やクレームを言っても、事業者からの対応を受けられず、不満が募る場合には通販110番に通報することが可能です。現在の相談員は6名ですが、年間5,000件ほど苦情相談があります。会員会社に関する苦情については協会が仲介し、解決策を見出しています。その結果を会員へフィードバックをしていくとともに、報告書を作成し公表しています。非会員の苦情相談も受け付けており、消費者に対しては解決のためのアドバイスを行っています。

　通信販売に関する法律には、特定商取引法（特商法）、景品表示法（景表法＝広告全般を規制している法律）、消費者契約法（基本的な法律）があります。薬機法（医療機器なども扱っている法律）のほか、健康食品などは健康増進法などとも関わりがあります。国がこれらの法律に国民、事業者を従わせなくてはなりません。法律は常識の集大成です。何故なら約束したことを守らなくてはなり

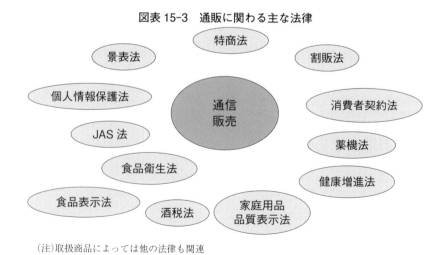

図表15-3　通販に関わる主な法律

（注）取扱商品によっては他の法律も関連

ません。社会が回っていくためのルールです。約束事の基礎になるものを法律と考えます。価格・代金の支払時期・方法、引渡しの時期などが記述されていなければ問い合わせをするはずです。問い合わせが来る前に記述しておいたほうが良いということです（図表15-3）。

5. 特定商取引法

　特定商取引法（特商法）は、訪問販売、マルチ商法（連鎖販売）、電話勧誘と通信販売を規制するものであります。店舗販売は含まれていません。通販も売買契約のひとつなので、基本は民法にあります。商品の実物を見せずに広告で商売をするのが通販の特徴です。広告に取引条件をきちんと記述することが重要です。消費者視点に立って、後で契約解除などを主張されないためにもきちんと表示をする必要があります。広告を見れば消費者は必要な情報がわかる、という所まで伝えるということです。近年はQRコードを利用して、「詳しいことはこちらに」と誘導するなどいろいろな手法があるので、新しいテクノロジーを駆使してわかりやすい表示に務めることが大切です。

　特商法は、商売、営業目的のものが対象です。よって個人間の売買は対象にはなりません。例えば、メルカリで売買する取引は個人間のため特商法の対象にはならないのです。Yahooのオークションなども、個人で行っているものであれば対象になりません。あくまで営業として、商売としてやっている事業者が対象であり、広告の規制もあります。

　法律の条文の中には、省令に委任され具体的には書かれていない場合があります。たとえば「このほかに省令に定めるところによって表示せよ」とあるため、省令を見てみなければなりません。「商品代金の他に送料が掛かる場合は記述して下さい」などです。送料も実費でなくてはならないため、必ず金額を表示しなければならないのです。1,000円の商品を買うのに1,000円の送料が掛かる場合、消費者は購入するか悩むはずです。よって送料は必ず具体的に金額を明記しなくてはならないのです。

　また、大きな商品を輸送する際は梱包料もいくら掛かるのか、事業者の住所

や名前、いつ誰が何を売るのか、事業者自身のことなどを表示する必要があります。なおかつネットに関しては、責任者の名前も表示しなくてはなりません。なぜなら、ネットは匿名性が非常に高いためです。これはネットのみであり、活字媒体には規制はありません。新聞などの広告媒体は広告代理店が企業の取引の間に入っているため、いざとなれば警察当局から探っていくことが可能です。しかしネットはデータがないと調べようがなく困難です。そのため、個人を特定する意味で代表者の名を明記しなくてはなりません。

このように制限はありますが、取引条件の表示義務は当たり前のことばかりです。

また、大げさな広告は制作してはいけません、そこで誇大広告等は禁止されているのです。例えば、「1週間これを食べたら10キロやせる」、「これ1粒で10キロやせる」などが該当します。そのような物はないので、そういった広告をしてはなりません。しかし、当たり前のように誰も誤認しない広告であれば誇大広告とはなりません。消費者が誤認するような誇大広告をした場合には、役所から内容の根拠は何かと問われます。根拠を示す資料の提出を通達された際は、15日以内に出さなくてはなりません。提出した根拠が合理的、科学的では無いと判断された場合は処分されます。また、根拠を出さなかった場合は、即処分となるのです。

前払い通販にも規制があります。初めて通販を利用するときは、なるべく前払い通販は避けたほうが良いです。事業者側は、商品を送る前に消費者から入金されたほうが都合が良いことになります。事業者は料金を受け取った後に仕入れて販売できるのでメリットがあります。しかし、消費者の立場では、代金を支払ったが一向に商品が届かず、連絡を入れても連絡が付かないということになれば、これはリスクがとても高いです。前払いは不可ではありませんが、事業者にとって都合が良いため、信用できる企業、あるいは過去に取引して問題がなかった企業でなければ、消費者は取引をやめたほうが良いと思います。初めての会社にいきなりの前払いは大変危険です。

例えば「無料」と強調して消費者に申し込みをさせる場合があります。ところが、後で「ここまで無料でここから先は有料です」などと言うことは、顧客

の意に反して申し込みをさせる行為となります。消費者に誤解を与えたり、誤認させるような行為は禁止されています。よってネットの通販の場合、事業者は注文画面の送信の前に訂正や個数の確認などができる画面を作成しなくてはならないのです。

　迷惑メールにも規制があります。メールを送るときは、あらかじめ承諾を取っておく必要があります。現在は、Web登録するとメールを送ることに対しての許諾を消費者から取ることが、ほとんどの企業で当たり前のことになっています。事業者からたくさんのメールが送られてくると、消費者は気づかずに、ほとんど削除してしまいます。そのような無駄なことはせずに、承諾して下さった方のみに送るのです。これに違反し、一方的に送り続けていると、罰金あるいは懲役刑になります。

　返品ルールの徹底に関して特商法の改正では、より厳しい条文が新たに制定されました。返品できるかどうかをきちんと明記することに従来は重きを置いていましたが、返品可能かがきちんと書かれていない場合は、消費者は8日以内であれば返品や契約の解除することが可能となりました。事業者からみれば返品は困ります。例えば、食品や個人名が刺繍されたスーツやジャケットなどは、返品特約という形で大概の企業ではきちんと明記しているはずです。書いていない場合、消費者は返品可能ですが、返品の送料は負担することになります。

　返品に関連して、訪問販売ではクーリングオフが有効となります。8日以内であれば、理由は問わず消費者側から契約が解除できる法律ですが、通販には制度自体がありません。なぜなら、自分で広告を見て購入したいと意思決定するため、訪問販売とは形式が異なるからです。よってクーリングオフという制度はありませんが、代わりに返品のルールがあります。訪問販売におけるクーリングオフとは全く意味合いが違ってきます。

　定期購入形式に関する規制もあります。定期購入は、化粧品や健康食品で高齢者が騙されやすいケースです。初回が非常に値引きをされており、即決し購入するとします。しかし、「その値段で買うには3回、4回と連続して購入しないとならない」というような悪質な事業者も、多少ですが存在しています。

最初は大手の健康食品や化粧品メーカーが、いつでも解約可能、拘束もなく中途解約も自由として実行していました。ところが、それに目を付けた悪質な事業者が、定期購入を装って値段が格段に安いと言って商品を売ることが問題になっています。現在でも、苦情や相談があります。よって、正当な事業者は、継続購入であることや金額は何回でいくらなのかなどの販売条件を、きちんと記述する必要があります。優良企業は書いていますが、書いていない怪しい事業者と区別するためにも、明記すべきです。

　通信販売におけるアウトバウンド（電話勧誘）にも規制があります。電話で消費者に商品購入を促すという電話勧誘行為は、通販とは条文が異なります。訪問販売と同じで、購入するか不明なところに急に電話が掛かってきて、セールストークを聞かされるからです。電話勧誘もクーリングオフの規定は同じで、8日以内であれば解約可能の制度があります。ただし、1年間で2回以上通販の取引があるようないわゆるVIP客（リピート顧客）に電話をし、アプローチする場合は、この条文は適用されません。消費者もその会社のことを認識しているから、規制の必要がないなどの但し書き付きになっているのです。

　未成年に関しては、売買契約は本人のみではできません。例えばクレジットカードを作成する際、親の捺印が必要なように、成人に達していない未成年者は、制限行為能力者といわれ、法律行為には法定代理人の同意が必要です。現在は、成年は20歳ですが、2022年の民法の改正に伴い、成年は18歳に改訂されます。18歳から選挙権があるのなら、契約なども自分で判断することができるということで、売買契約の未成年者の規定も18歳未満に引き下げられます。未成年者の契約は、本人でも親でもいずれも取り消すことができます。しかし、取り消しができない契約もあります。例えば、おこづかい程度のもので法定代理人に財産の処分が認められているものです。このように未成年は保護されているため、事業者側からすると成年か否かはとても重要で、未成年と取引する際は確認する場合もあります。

6. その他の法律

　電子契約法は、電子商取引において、値段が間違っていたり、消費者の操作ミスがあった場合に対処する法律です。どのような場合に対処をするかという規定があります。また、電子契約法では、契約の成立時期についても規定しています。ネットの取引に関しては、事業者がメールを発信して、消費者のメールサーバーに入ったときに契約が成立します。メールを発信した時点で契約が成り立つと考えがちですが、メールを受けとる人が受けられる状況になったとき初めて契約は成立するのです。

　消費者契約法は、契約に関して消費者を守るものです。法律も消費者保護の規定が増加してきています。できるだけ契約解除などを容易にする必要があります。事業者側は、契約の解除を求められないように、やるべきことをしなければなりません。特商法などだけでなく、消費者契約法で規定されていることもあるため、きちんと契約すべきです。

　景品表示法は、商品・サービスの取引に関連する不当な景品類や表示による顧客の誘引を防止するため、一般消費者による自主的かつ合理的な選択を阻害する恐れのある行為の制限及び禁止について定めており、一般消費者が誤認をしないように利益を保護する法律です。主に誇大広告や不実証広告などが制限・禁止の対象となります。例えば、50%OFFされ5万円になった商品があるとします。その元値にはメーカー小売希望価格などの根拠のある価格を表示しなければなりません。平成26（2014）年12月に行われた改正では、事業者の表示管理体制の整備や、必要な措置を講じていない場合には指導・助言・勧告をし、勧告に応じない場合は事業者名の公表、監視指導体制の整備が義務付けられました。平成28（2016）年4月の改正では、課徴金制度が導入されました。

　健康増進法は、景品表示法における対象とは異なり、顧客を誘引するために健康保持増進効果等をうたっている健康食品が対象となります。また、広告媒体事業者やアフィリエイターは景品表示法では原則規制対象外ですが、健康増

進法では対象となります。健康食品とは、この法律に定める健康保持増進効果等を表示して食品として販売に供する物を指します。定める健康食品のうち、保健機能食品というカテゴリーがあり、特定保健用食品、機能性表示食品、栄養機能食品の3つに分類されます。特定保健用食品は俗にトクホと呼ばれ、消費者庁に許可され保健の機能を表示できる食品です。例として、花王のヘルシアやサントリーの伊右衛門特茶などがあります。機能性表示食品は、消費者庁からの許可は受けていませんが、事業者の責任において科学的根拠に基づいた機能性を表示した食品です。例えば、ファンケルの「えんきん」、アサヒカルピスの「カラダカルピス」や「アレルケア」などがあります。栄養機能食品は、1日に必要な栄養素が不足しがちなときにそれを補完するための食品です。すでに科学的根拠が確認された栄養素が一定量以上含まれていれば、届け出等を行わなくても国が定めた表現によって機能性を表示することができます。

　割賦販売法には、クレジット取引等を対象に、事業者が守るべきルールが定められています。購入者等の利益を保護することや割賦販売等に関わる取引を公正にすること、商品等の流通やサービスの提供を円滑にすることが目的です。また、現在2020年までの実行計画としてクレジットカード取引におけるセキュリティー対策の強化など、国際水準のカード決済環境の整備が行われています。実行計画のうち、加盟店における情報管理義務については、割賦販売法に基づく義務付けがなされることになっています。

7. 消費者として気をつけなければならないこと

　私たちがインターネット通販を利用する上で気をつけるべきことは、まず価格です。割引されているからすぐに買うのではなく、メーカー小売希望価格など元の価格がいくらなのか、根拠を確認するべきです。次に会社情報や、またそこの連絡先の確認です。会社情報がない、または不明瞭である場合や、連絡先につながらないなどが当てはまれば利用しないほうがよいです。またホームページで日本語が不自然かどうかも、チェックポイントです。

これらの消費者にとって必要な情報は、基本的には広告にすべて記載されています。通販を利用する際は、必ず利用する前に広告に情報がしっかり記載されているかどうか、正しいものかどうかを確認しなければなりません。ネットの情報は、すべてが正しいものとは限らないからです。また契約は、結局のところ自分の責任です。したがって私たちは、広い視野を持ち、確かめるという行為ができる自立した消費者を目指さなければなりません。
　最後に皆さんにお願いしたいことは、ネットへのリテラシーを高めること、そして視野を広く世界を見てほしいこと、ネットで検索するのは便利ですが、できれば原典を確かめてほしいことです。

第16章
顧客対応から見た通信販売

八代　修一

1. "消費者" と "事業者"（消費者基本法）

　お客様に対して会社が何をできるかを学ぶヒントを得るためには、消費者関連の法規を知っておくことも必要です。
　まず、最初に「消費者基本法」という法律について話します。消費者は事業者に比べ情報の質および量、交渉力などに格差があるため、その権利は尊重され、かつ自立の支援を受けるべき立場にあると考えられています。消費者基本法は、国、自治体など消費者行政の根幹をなす法律となっています。1968年の制定当時は「消費者保護基本法」という名称でしたが、2004年に改正され、「消費者基本法」という名称に変わりました。この改正によって、「消費者の権利の尊重」と「消費者の自立の支援」を基本理念とした、行政が推進する消費者政策、そして事業者や事業者団体の消費者対応の基本となる事項が定められました。
　基本理念（第2条）に「消費者の権利」としてうたわれている内容の多くは、1962年、米国のケネディ大統領によって提唱されたものです。その内容は、「安全が確保されること」、「自主的かつ合理的な選択の機会が確保されること」、「必要な情報及び消費者教育の機会が提供されること」、「消費者の意見が政策に反映されること」などですが、後のフォード大統領により、「消費者教育を受ける権利」が加えられました。その後、日本では改正時に、「被害が生じた場合には適切かつ迅速に救済されること」という権利も加えられました。

一方で、消費者の権利の尊重およびその自立の支援をすることなどの基本理念に照らして、「事業者の責務」（第5条）がうたわれています。その内容は、「安全及び取引における公正を確保すること」、「必要な情報を明確かつ平易に提供すること」、「取引に際して消費者の知識、経験及び財産の状況等に配慮すること」、「苦情を適切かつ迅速に処理するために必要な体制の整備等に努め、当該苦情を適切に処理すること」などです。また、「事業者自らが遵守すべき基準の作成の支援をすること等、消費者の信頼を確保するよう努めなければならない」ともうたわれ、これらの責務は消費者の権利の裏返しとも解釈できます。各事業者は、自社のサービス向上の目的と共に、この法律に基づいてお客様相談室などの窓口を設けていることにもなります。

ところで、消費者側にも行うべきことがあります。第7条には、「消費者の責任」として「消費者は、自ら進んでその消費生活に関して必要な知識を修得し、及び必要な情報を収集する等、自主的かつ合理的に行動するよう努めなければならない」とうたわれています。要は、消費者側も、積極的に消費生活に関するリテラシーを充実させる必要があるという意味です。

なお、事業者団体の努めること（第6条）として、「事業者団体は、事業者の自主的な取り組みを尊重しつつ、事業者と消費者間に生じた苦情処理の体制の整備を行うこと、事業者自らが遵守すべき基準の作成の支援、消費者の信頼を確保するための自主的な活動に努めるものする」とされています。具体的には、日本通信販売協会では「通販110番」を設置したり、会員社のコンプライアンス体制を支援するために、特商法（後述）を基軸にかみ砕いた内容のガイドラインを作成しています。

2. 「通販110番」の業務（JADMA消費者相談室）

既に、学習したものと思いますが、「特定商取引に関する法律（特商法）」という、7つの取引類型についてそれぞれの規制を定めた法律があります。その7つの取引類型（特定商取引）のひとつに「通信販売」があります。

日本通信販売協会はその法律で位置づけられているのですが、併せて「苦情

の解決」も規定されています。日本通信販売協会およびその中に設置された消費者相談室（通販110番）は、消費者基本法および特商法の２法に設置根拠があるということになります。

　業務内容としては、「会員社の営む通販に関する苦情」が対象になっており、申し出人に必要な助言を行い、会員社に対しては迅速な処理を求めることとしていますが、事実上非会員社に関する相談も受けています。

　また、相談室では、併せて事業者からの、主として顧客対応に関する相談も受けており、消費者・事業者共に偏りのない実効性のある助言を心がけています。

3. 通信販売の仕組み（利用媒体や支払方法）

　消費者が利用する主要な広告媒体は年々変化しています。10数年前までは、主に印刷されたカタログが利用されていました。しかし、紙（印刷）媒体の利用率は年々低下しており、2005年頃からはインターネットの利用がカタログを上回りました。昨今は、特にモバイル（スマホやタブレット端末）の利用が急増しています。情報を得るための情報源は主にインターネットになりましたが、そのインターネットもさまざまな手法があります。ダイレクトに企業のサイトにアクセスするケースの他、インターネットモールを経由してアクセスしたり、SNSを通しバナー広告をクリックすることで企業のサイトにアクセスするケースなどがあります。また、アフィリエイト広告と呼ばれる成功報酬型広告もあります。これに関しては、消費者が広告をクリックする数を増加させ成功報酬を増やすために、アフィリエイターが自ら広告に誇大な表現を行う可能性も否定できず、注意する必要があります。

　支払方法についても多様化しています。従来から、代金引換（代引き）やコンビニでの支払いなどの方法が多く利用されていますが、近年多く利用されているのはクレジットカードによる支払いです。最近ではバリエーションがさらに増えており、代引きについても、配送時に現金の代わりにクレジットカードや電子マネーで支払う方法や、またデビットカードという、券面デザインはク

レジットカードに似ていますが、クレジットカードとは異なり、利用したときに代金が即時に口座から引き落とされるシステムも利用されるようになって来ました。

　ところで、「キャッシュレス決済（支払）」という言葉を知っていますか。「現金を使用しない支払手段」を利用することを意味します。例えば、今話した電子マネーのようなプリペイド（前払い）、デビッドカードのようなリアルタイムペイ（即時払い）、クレジットカードのようなポストペイ（後払い）などが該当します。その他、最近は「QRコード決済」という言葉もよく聞かれるようになりました。ネット通販においても、画像に表示されるQRコードをスマホで読み取り、即時決済が完了する方法が主流になるかも知れません（図表

図表16-1　キャッシュレス支払い手段の例

	プリペイド （前払い）	リアルタイムペイ （即時払い）		ポストペイ （後払い）
主なサービス例	電子マネー （交通系、流通系）	デビットカード （銀行系、国際ブランド系）	モバイルウォレット （QRコード、NFC等） ※プリペイド、ポストペイ可能	クレジットカード （磁気カード、ICカード）
特徴	利用金額を事前にチャージ	リアルタイム取引	リアルタイム取引	後払い、 与信機能
加盟店への支払いサイクル	月2回など	月2回など	即日、翌日、月2回などさまざま	月2回など
主な支払い方法	タッチ式 （非接触）	スライド式 （磁気） 読み込み式 （IC）	カメラ/スキャナ読込 （QRコード、バーコード） タッチ式（非接触）	スライド式 （磁気） 読み込み式 （IC）
【参考】 2016年の民間最終消費支出に占める比率 （日本国内）	1.7%	0.3%	―	18.0%

（出典）「キャッシュレス・ビジョン」経済産業省　平成30年4月

16-1)。

　2018年4月に経済産業省が発表した「キャッシュレス・ビジョン」によると、2015年時点で、キャッシュレスが進展している国は、韓国の89.1%を始め40%〜60%台であるのに、日本では18.4%にとどまっているとのことです。そうした状況を踏まえて、政府はキャッシュレス決済比率を、2025年までに40%程度に引き上げることを目指し、将来的には世界最高水準の80%まで引き上げることを発表しています。

4. 通信販売の法的ルール

　先ほど触れた「特定商取引法」ですが、通信販売にとって重要な法律なので、しっかりと覚えてください。この法律は制定されたのが1976年で、当時の名称は「訪問販売等に関する法律」でしたが、現在は「特定商取引に関する法律（特商法）」に変わりました。どのような法律なのかと言えば、先ほどお話ししたように、7つの取引類型についてそれぞれの規制を定めています。そのひとつが通信販売ということになります。特商法上、通信販売の定義は「販売業者、または役務提供事業者が郵便などにより売買契約などの申し込みを受けて行う商品、特定権利の販売または役務の提供」とされています。また、物販からサービスといった無形商品まで、いかなる商品であっても原則として規制対象となります。

　「電話勧誘販売」は「通信販売」と混同されることがありますが、事業者側が電話等を使って勧誘、取引を行うことを指し、通信販売とは異なる規制を受けます。

　さて、通信販売の規制内容はさほど難しくありません。通信販売の広告には、義務表示として10数項目が定められています。主なものは、販売価格や送料、代金の支払時期・方法、納期、「申込の撤回または契約の解除に関する事項」、いわゆる「返品特約」などです。

　これらの項目は、仮に表示がないと、消費者にとっては、どこの会社が、どんな商品をいくらで販売して、いつ届くのか、また返品の可否もわかりませ

ん。仮に法令上表示が義務となっていなくても、社会通念上表示することが当たり前というわけです。

　ところで、「クーリングオフ制度」というものがあります。簡単に言えば、無条件解約のことです。皆さんがものを買う場合、どのような売買であってもすべて売買契約の成立が前提となっています。「クーリングオフ制度」とは、契約した後、頭を冷やして考え直す時間を消費者に与え、一定期間内であれば無条件で契約を解除することができる特別な制度のことをいいます。

　特定商取引の中では、通信販売以外の販売方法のすべてにクーリングオフ制度が適用されます。通信販売には適用されません。なぜなら、通信販売以外の販売方法には「不意打ち性」が存在するからです。「不意打ち性のある販売方法」とは、「家に訪問され勧誘」、「電話をかけてきて勧誘」、「道を歩いていて呼び止められ勧誘」など、特に商品の購入を考えていないときに突然業者から勧誘されて契約するといったケースを指します。

　このような不意打ち的な勧誘で、冷静に判断できないまま契約をしてしまいがちな販売方法に対して、「クーリングオフ制度」が設けられました。

　それに対して通信販売は、自分の意志で商品を選択し申し込む取引形態ですので、「不意打ち性」はありません。したがって、クーリングオフという考え方自体が馴染まないということになります。

　その代わり、事業者には「申込の撤回または契約の解除に関する事項」、つまり「返品特約（返品の可否、返品の条件、返品に係る送料負担などの重要事項）」の表示が、広告がネットであれ、チラシであれ、雑誌であれ、媒体を問わず法的に義務付けられています。広告にあらかじめ「返品不可」等、返品ができない旨の特約が表示されている場合には、特約が優先され返品はできません。また、その表示個所について、特にインターネットでは、商品ページの他、最終申込画面についても、見やすい箇所に明瞭に判読できるように、容易に認識できるように表示する必要があります。

　なお、事業者側が「返品特約」の表示を失念してしまった場合、消費者側は「法定返品権」により、商品が届いてから8日間以内であれば、送料を負担したうえで返品が可能であるとされます。10数項目の表示義務項目の中で、こ

の「申込の撤回または契約の解除に関する事項」が一番重要な項目ですので、覚えておいてください。

　次に「誇大広告の禁止」についてお話しします。これは、「著しく事実に相違する表示（実際のものよりも著しく優良である、もしくは有利であると消費者を誤認させるような表示）をしてはならない」という規制です。この「誇大広告」については、「景品表示法」という別の法律にも類似の規定があります。同じように、主として「優良誤認」、「有利誤認」を不当表示の類型とするものです。

　ただ、その判断が難しいケースもあります。例えば、洗剤のテレビCMがあります。子供が着た泥だらけの野球やサッカーのユニフォームを、その洗剤で洗った後のシーンです。青空に真っ白になったユニフォームが翻っています。本当にそこまできれいにはなったのかは疑問が残ります。でも、これが誇大広告になるのかといいますと、一概には判断が難しいと思います。なぜなら、イメージとして、これぐらいは見せなければ清々しさが表現できないからです。

　特商法上の誇大広告と景品表示法上の不当表示の考え方は非常によく似ていますが、景品表示法上の「不当表示」の方が類型の幅が広く作られています。

　さらに、特商法には「顧客の意に反して契約の申込みをさせようとする行為」について是正させたり、改善を指示できる条項もあります。例えば、ネット販売で、申し込みをするつもりではなかったのに、間違えて申込ボタンをクリックしたり、クリックした後に取り消したいと思うことがあります。そのときに、訂正できないような仕組みになっていたとしたら、これは「顧客の意に反している」ということになり、是正や改善指示の対象になります。また、「電子消費者契約法」という別の法律によって、契約が無効とされる可能性もあります。

5. 消費者相談概要

　日本通信販売協会の消費者相談室（通販110番）では、消費者の相談を受け

ていますが、これを会員社に関する相談と非会員社に関する相談とに分けてみると、会員社に関する相談は2割程度しかなく、8割以上が非会員社に関する相談です。また、相談に関連する媒体も、会員社と非会員社では傾向が異なります。

　会員社に関しては、テレビ通販に関する相談が相対的に目立ちます。昼間にテレビ通販番組を見ている顧客の多くは高齢者です。ついては、大型商品や家電品などについて、思った商品ではなかったという理由での返品トラブルが散見されます。事業者には視聴者の多くが高齢者であるという認識を持ち、分かり易い表示を工夫するなどしたうえで番組制作を行ってほしいと要望しています（図表16-2）。

　一方、非会員社に関する相談は、圧倒的にインターネットに関連した相談が多く寄せられます。非会員社には中小・零細企業が多く、コンプライアンス体制が脆弱であるケースが見られます。最近は、気軽にインターネットを利用して通販が始められるようになっているために、経営や顧客対応のノウハウに乏しい経営者が多く見受けられ、それも苦情の多い理由のひとつかと思われます。また、それに加えて、詐欺的な悪質業者も多く見受けられます。さらに

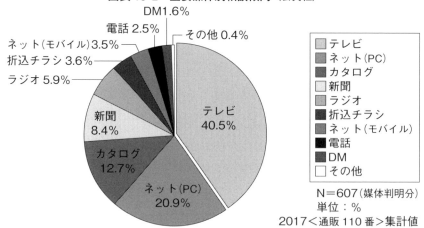

図表16-2　主要媒体別相談傾向（会員社）

N＝607（媒体判明分）
単位：％
2017＜通販110番＞集計値

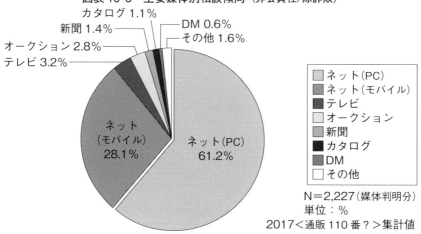

図表 16-3　主要媒体別相談傾向（非会員社/除詐欺）

は、もともとは悪徳業者ではなくとも、消費者側からの苦情に対し、まともに向き合わない事業者も増えているように感じます（図表16-3）。

　相談内容は、「契約や解約」、「返品や交換」に関する件が多数を占めます。先ほど、「申込の撤回または契約の解除に関する事項」が、義務表示の中で一番重要であると話しましたが、法律で厳しく表示義務が課せられている背景はここにあります。

　なお、「契約や解約に関しての相談」が多い理由として、昨今では、主としてダイエットなどを目的としたサプリメントなどの「定期購入」に関連する相談が急増したことも一因です。内容は、例えば「『お試し』のつもりで申し込んだのに、いつの間にか『定期購入』にも申し込んだことになっていた」というものです。同様の相談が、全国の消費生活センターにも多く寄せられており、これがキッカケで、定期購入の契約であることが明瞭にわかるような広告作りが法的に義務化されるよう省令（特商法施行規則）の改正がなされました（図表16-4）。

　また、通販の仕組みを利用した詐欺被害も多いので、通信販売を利用する際には、一般論としていくつかのポイントを押さえてください。

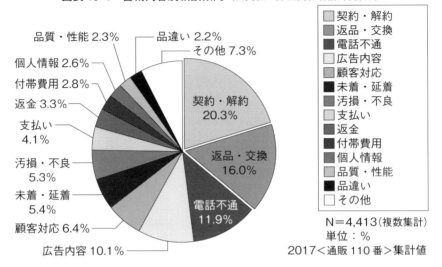

図表 16-4　苦情内容別相談傾向（会員社・非会員社合計/除詐欺）

N＝4,413（複数集計）
単位：％
2017＜通販110番＞集計値

　まず、信頼できる会社を選ぶことです。判断が早くできる方法のひとつは、最初に電話番号の表示の有無を確認することです。電話の表示がない場合、信用してはいけません。電話の表示があれば電話をかけてみます。

　詐欺業者や怪しげな会社などは、教育されたオペレーターが対応しているわけではないので判断が容易です。また、信用できそうだと思っても、広告を熟読し、支払方法や返品特約を始め契約条件全体を理解して、納得したら申し込むことが大切です。少しでも不審な点があれば申し込みをやめるべきです。申し込みをした際には、その内容をプリントアウトのうえ控えとして保管することや、また、商品が届いたら直ちに商品内容を確認し、申込内容と異なっていた場合は、即時会社に連絡し円滑にトラブルが解決できるよう心がけてください。

6. 事業者に求められる消費者志向

　顧客対応の現場経験者として、最後に一言。

顧客対応は、単なる「苦情処理」ではありません。企業の中にはさまざまな仕事がありますが、どこかに「ほころび」があると顧客から苦情が来ます。

　特定の企業に不満を持ったものの、実際に苦情を訴えるケースは約4割だと言われます。6割はサイレントカスタマー（またはサイレントクレーマー）です。しかし、その4割の苦情に真摯に対応すると、4割の内の8割が顧客として戻ってくるという、米国のジョン・グッドマンの理論があります。こんな会社で二度と買い物をするものかと思っていた顧客が、企業の対応次第で再び戻って来ます。そのため、私は「顧客対応」を単なる「苦情処理」と考えるのではなく、「苦情解決は顧客を創造する」というように前向きに考えています。大事なことは「顧客の視点」に立つということです。

　お客様サービス部門には、お客様に対して真摯に対応することで、もう一度当社のお客様として迎え入れるといった大事な役目が存在することになります。そのような意味で、お客様サービス部門は「コストセンター」ではなく「プロフィットセンター」であると考えています。

　顧客の意見を聞き、さまざまな意見を吸い上げること、そして内容を分析したうえで、「ほころび」の原因を他の部門にもフィードバックすることも重要な仕事のひとつなのです。

　そして、他の部門に対しても、「顧客の視点」に立った仕事の重要性を説いて行くことも併せて行って欲しいことのひとつです。

　是非、皆さんも事業者の立場になったときには「顧客の視点」に立って仕事をされるよう願って止みません。

あとがき

　本書は、公益社団法人日本通信販売協会（以下、JADMA）のご厚意によって、寄付講座として2017年度から2018年度に駒澤大学グローバル・メディア・スタディーズ学部において開講された「ダイレクト・マーケティング論」の講義内容を中心に執筆されたものであり、2018年に刊行された三村優美子先生との共編著である『成熟消費時代の生活者起点マーケティング：流通マーケティングの新たな可能性』の実践書として位置づけることもできます。

　ダイレクト・マーケティングの歴史と理論だけではなく、最新の動向や企業の最新事例を各寄稿者からいただきました。また、ご協力企業も老舗の通販企業からネット通販の企業に至るまで、その企業規模も大手企業から中小企業に至るまで、幅広い分野からダイレクト・マーケティングを考察いただきました。

　本書の執筆にあたり、以下、お世話になった方々にお礼申し上げます。

　多忙な日常業務の中、本書の趣旨に快く賛同し、ご協力いただいた寄稿者の皆様に深く感謝申し上げます。株式会社ファンケル取締役副会長宮島和美氏、株式会社ポーラ監査役阿部嘉文氏、柿尾正之事務所代表柿尾正之氏、株式会社ADKマーケティング・ソリューションズ執行役員沼田洋一氏、ライオン株式会社取締役執行役員乗竹史智氏、株式会社良品計画ウェブ事業部長川名常海氏、楽天株式会社コマースカンパニーマーケットプレイス事業マーケティング部ヴァイスジェネラルマネージャー坂本洋二氏、株式会社ディノス・セシールチーフEコマースオフィサー石川森生氏、株式会社オークローンマーケティング執行役員ショップジャパン事業統括加藤裕一郎氏および同社部長稲垣みずほ氏、株式会社ADKマーケティング・ソリューションズプランニングディレクター岩永洋平氏には深くお礼を申し上げます。

　公益社団法人日本通信販売協会の関係者の方々にも、深く感謝申し上げます。寄付講座の開設から運営に至るまで全面的にご協力をいただきました、公益社団法人日本通信販売協会、ならびに万場徹専務理事、三浦千宗理事、八代修一相談室長、西郷祐二次長、渡辺実沙氏に深くお礼申しあげたいと思いま

す。また、同協会では、万場徹専務理事や八代修一氏にも本書執筆にご協力いただきました。深くお礼申し上げます。

　ダイレクト・マーケティング研究の背景には、恩師である早稲田大学名誉教授亀井昭宏先生の教えが礎となっています。亀井先生は、日本のマーケティング・コミュニケーション研究の草分け的存在であるとともに、マーケティング・コミュニケーションにおけるダイレクト・マーケティングの重要性を早くから指摘されていました。この場を借りて、改めて亀井先生に敬意を表するとともにお礼を申し上げます。

　青山学院大学の三村優美子先生にも心よりお礼申し上げます。三村先生からは、日頃から、これからのマーケティングがどうあるべきかについて、貴重なご意見・ご指導をいただきました。学部長としてご多忙な中、ご執筆のみならず、本書の企画から三村先生には大変お世話になりました。

　その他にも産業界、協会、大学などのさまざまな方のご協力によって、本書が生まれました。全員の名前を挙げることはできませんが、最後にこの研究成果にご協力いただいた方々の力に深く感謝申し上げます。

　本書の企画となった駒澤大学JADMA寄付講座の運営や準備にあたり、お世話になった方々に厚くお礼申しあげたいと思います。ご支援していただいた駒澤大学の関連部署の皆様、ならびにグローバル・メディア・スタディーズ学部の先生方に対しても厚くお礼申しあげます。また、駒澤大学副学長猿山義広先生にはJADMA公開講演会の度にお世話になりました。この場を借りてお礼申し上げます。寄付講座の運営と準備などは、ゼミ生全員の力によるものであり、学生諸君にも深くお礼を申し上げたいと思います。寄稿者の文章をご丁寧に校正してくださった匿名の校閲者にも深く感謝申し上げます。さらに、本書の企画段階から全面的に支援してくださった千倉書房の川口理恵氏と編集部の山田昭氏にも感謝したいと思います。また、株式会社イトーヨーカ堂執行役員富永朋信氏、株式会社浜銀総合研究所の太田和正氏にも貴重なアドバイスを頂きました。この場を借りてお礼申し上げます。

　1961年にはじめてダイレクト・マーケティングを提唱し、ダイレクト・マーケティングの発展に多大な貢献をされたワンダーマン先生が先月（2019年

1月)、98 歳で他界されました。ダイレクト・マーケティングの研究に携わる者として、ご冥福をお祈りしたいと思います。

　最後に、本書が、デジタル時代のダイレクト・マーケティングを基本から学習したい方々にとって参考になることを心より祈念します。

2019 年 2 月

朴　正洙

主要索引

【英字】

ADK　103, 106

CPO（Cost Per Order）　183-184

CRM（Customer Relationship Management：顧客関係性マネジメント）　12, 19, 23-30, 40, 102

CX（カスタマー・エクスペリエンス）　157, 162-163

DM（ダイレクト・メール）　54, 98, 162, 184, 199, 216-217

DMA（Direct Marketing Association：ダイレクト・マーケティング協会）　19, 36

EC（E-Commerce：電子商取引）　14-15, 61-63, 67, 74-76, 81-83, 121, 141-142, 144, 152-154, 156-162

Facebook　92, 95, 103, 133, 137

Instagram　136-137

JADMA（日本通信販売協会）　9, 14, 69, 81, 84, 197-198, 210

KPI（Key Performance Indicator）　96, 98-99, 178, 182-184

LTV（Life Time Value：顧客生涯価値）　5, 25-26, 183-184

OMO（Online Merges Offline）　158

PDCA（Plan, Do, Check, Action）　40, 114, 117, 154, 187

RFM（Recency, Frequency, Monetary Value）　25-26

SEM（Search Engine Marketing）　121

Twitter　103, 133, 136

WEBマーケティング　121

【あ行】

アップ・セリング　5-6, 22, 29

アマゾン　3, 7, 9-10, 16-17, 33, 47, 51-53, 67, 72, 85-90, 92-93, 112, 157

越境EC　62, 74-76

エンゲージメント　12, 18, 21, 27, 29, 34-35, 37, 40, 145

オムニチャネル　76, 86

オルビス　72-73, 92

【か行】

カスタマー・エクイティ　25-26

寡占化　11, 15-17, 33, 76, 178

カタログ　4, 6-8, 10-11, 17, 32, 37, 54-55, 66, 69-71, 151, 158-162, 171, 199, 211, 216-217

課徴金制度　205

割賦販売法　206

既存顧客　6, 23, 28-29, 40, 95, 102, 114, 146-148, 183

機能性表示　65, 119, 206

キャッシュレス決済　212-213

クーリングオフ制度　203-204, 214

クロス・セリング　5-6, 22, 29, 37

景品表示法　200, 205, 215

健康食品　11, 64-65, 114-115, 119, 200, 203-206

健康増進法　200, 205

顕在需要　99, 101

行動ターゲティング　97, 101

購入履歴　98

合理的消費　50-52

コールセンター　12-13, 21, 24, 37, 78, 93, 152, 166, 168, 173, 175, 184, 186

ゴールデン・サークル　131-132
顧客エンゲージメント　12, 18, 21, 29, 34-35, 37, 40
顧客関係性　4, 20-21, 28-30, 35
顧客コミュニケーション　77
顧客対応　187, 191, 209, 211, 216, 218-219
顧客満足　12, 29, 38, 88, 170
誇大広告　202, 205, 215
コトの消費　49-50
コミュニケーション　4-6, 9, 12-13, 18, 20-21, 29-41, 52-56, 69, 77-78, 96, 102-103, 106-107, 112-114, 116-118, 130-131, 133, 137-138, 144, 178, 184-187, 193
コンテクスト　100-101, 104-105, 107

【さ行】

サプライチェーン　186-188, 193
従業員　29-30, 38, 40, 85, 186, 188, 193
消費社会　47-50, 53-54
消費者基本法　209, 211
消費者契約法　200, 205
消費者の権利　209-210
ショップジャパン　165
新規顧客　4, 6, 23, 40, 95-96, 98-99, 102-103, 107, 118, 183-185, 187
潜在需要　98

【た行】

ターゲット選定　146
第4次産業革命　155-156
ダイレクト・マーケティング　3-7, 11-12, 17-20, 31-36, 133
ダイレクト・マーケティング・コミュニケーション　31, 34-35, 37-40
ダイレクト・マーケティング・メディア　36
宅配問題　63
単品通販　11-13, 17-18, 117-118, 123
地域活性化　177, 193
地域ブランド　177, 180, 185, 189-191

中国　16, 62-63, 66, 69, 74-76, 81, 84, 92, 131, 136, 153
通信販売　3-4, 6-14, 17, 32, 34, 47, 54-56, 66, 69-74, 84, 112-115, 159, 165, 178-184, 187-188, 190, 193-194, 199-201, 204, 210-211, 213-214, 217
通販110番　200, 210
通販マーケティング　117
出会いの場　47, 54-56
定期購買　122
ディノス・セシール　151
データベース・マーケティング　33, 54-55
テクノロジー中心　26-27, 29
デジタル・マーケティング　33, 35-39, 41, 161-162
デジタル広告　97
デモンストレーション　174
テレビ通販　169, 171
電子契約法　205
特定商取引法　200-201, 213

【な行】

日本通信販売協会（JADMA）　9, 14, 69, 84, 197-198, 210
人間中心　132
人間の論理　125, 127
ネット通販　3, 10-11, 14-19, 31-32, 51-52, 54, 60, 62-63, 67, 81-87, 89, 92, 115, 206, 212

【は行】

ピープルリレーションシップマーケティング（PRM）　103
非合理的消費　50-52
ヒューマン・コミュニケーション　13, 29, 34-35, 37-38
ファンケル　64, 206
プラットフォーム　3, 15-17, 71-72, 74, 76
フルフィルメント　122
ペガサスクラブ　59

返品特約　203, 213-214, 218
ポイント　155
法的規制　197

【ま行】

マーケティング・コミュニケーション　30, 31-32, 34-35, 40
マス・マーケティング　3-5, 95-96, 98-99, 102-103
無印良品　125
無添加化粧品　64, 66
メーカー系通販　111
メディア　133, 136, 161, 171, 178, 186
メディア・コミュニケーション　34
メディア環境　96
モノの消費　50
モンゴメリー・ワード　7

【ら行】

ライオン　111
ライオン・ウェルネス・ダイレクト　113
楽天市場　139
レスポンス　114, 117, 119-120, 122

【わ行】

ワンダーマン　3

〈執筆者紹介〉

朴　正洙（ぱく　じょんすう）　はじめに、第1章、第2章、第3章、あとがき
駒澤大学グローバル・メディア・スタディーズ学部　教授

三村　優美子（みむら　ゆみこ）　第4章
青山学院大学経営学部　教授

宮島　和美（みやじま　かずよし）　第5章
株式会社ファンケル　取締役副会長
公益社団法人日本通信販売協会元会長

阿部　嘉文（あべ　よしふみ）　第6章
株式会社ポーラ　監査役
公益社団法人日本通信販売協会会長

柿尾　正之（かきお　まさゆき）　第7章
柿尾正之事務所代表

沼田　洋一（ぬまた　よういち）　第8章
株式会社ADKマーケティング・ソリューションズ　執行役員

乗竹　史智（のりたけ　ふみとも）　第9章
ライオン株式会社取締役執行役員（研究開発本部長）
前ウェルネス・ダイレクト事業本部長

川名　常海（かわな　つねみ）　第10章
株式会社良品計画　ウェブ事業部長

坂本　洋二（さかもと　ようじ）　第11章
楽天株式会社コマースカンパニー　マーケットプレイス事業　マーケティング部
ヴァイスジェネラルマネージャー

石川　森生（いしかわ　もりう）第12章
株式会社ディノス・セシール　チーフEコマースオフィサー

加藤　裕一郎（かとう　ゆういちろう）第13章
株式会社オークローンマーケティング　執行役員　ショップジャパン事業統括

稲垣　みずほ（いながき　みずほ）第13章
株式会社オークローンマーケティング　部長

岩永　洋平（いわなが　ようへい）第14章
株式会社ADKマーケティング・ソリューションズ　プランニングディレクター

万場　徹（まんば　とおる）第15章
公益社団法人日本通信販売協会専務理事

八代　修一（やしろ　しゅういち）第16章
公益社団法人日本通信販売協会消費者元相談室長

【編著者略歴】

朴　正洙

早稲田大学大学院商学研究科博士後期課程修了（2012 年）
博士（商学）早稲田大学
早稲田大学商学学術院助手、助教、関東学院大学経済学部准教授を経て
駒澤大学グローバル・メディア・スタディーズ学部教授（現職）
マーケティング、マーケティング・コミュニケーション研究

主要著書

『消費者行動の多国間分析』（千倉書房、2012 年）
『グローバル・マーケティング・コミュニケーション』（監訳、千倉書房、2016 年）
『セレブリティ・コミュニケーション戦略』（白桃書房、2018 年）
『成熟消費時代の消費時代の生活者起点マーケティング』（共編、千倉書房、2018 年）
『現代マーケティング論〔第 2 版〕』（共著、実教出版、2018 年）

実践ダイレクト・マーケティング講義

2019 年 4 月 19 日　初版第 1 刷発行

編著者　朴　正洙（ぼく　じょんすう）
発行者　千倉成示
発行所　株式会社 千倉書房
　　　〒 104-0031　東京都中央区京橋 2-4-12
　　　TEL 03-3273-3931 ／ FAX 03-3273-7668
　　　https://www.chikura.co.jp/

印刷・製本　三美印刷株式会社
装丁デザイン　小松秀司

© JEONGSOO Park 2019 Printed in Japan
ISBN 978-4-8051-1167-3　C3063

JCOPY〈(社)出版者著作権管理機構 委託出版物〉

本書のコピー、スキャン、デジタル化など無断複写は著作権法上での例外を除き禁じられています。複写される場合は、そのつど事前に、(社)出版者著作権管理機構（電話 03-5244-5088、FAX 03-5244-5089、e-mail : info@jcopy.or.jp）の許諾を得てください。また、本書を代行業者などの第三者に依頼してスキャンやデジタル化することは、たとえ個人や家庭内での利用であっても一切認められておりません。